Wege des Schicksals

buch & media

Cinzia Buss (geb. Martino) geboren in Rom 1961, besuchte das wissenschaftliche Gymnasium. Im Jahr 1979 zog sie nach Frankfurt am Main, wo sie 20 Jahre lebte. Dort wurde sie Kommunikationselektronikerin im technischen mittleren Dienst bei der Deutschen Telekom. Mit der Privatisierung des Unternehmens zog sie nach Ostfriesland, die Heimat ihres Ehemanns. Orazio Martino, der berühmter Krokodilflüsterer von Dietzenbach ist ihr Bruder.

Cinzia Buss

Wege des Schicksals

Zwei Geschichten

buch & media

Weitere Informationen über den Verlag
und sein Programm:
www.buchmedia-publishing.de

Originalausgabe
Juni 2019
Buch&media Publishing, München

Umschlaggestaltung: Franziska Gumpp
ISBN print: 978-3-95780-163-0
ISBN epub: 978-3-95780-164-7
ISBN pdf: 978-3-95780-165-4
Printed in Germany

Inhalt

Sandy und Ric

In Mittelamerika, in der Nähe eines Berges, umgeben von dunkelgrüner, dichter Vegetation aus Pappel-, Kiefern-, und Lindenbäumen, schlüpfte aus einigen Eiern Raupen. An der großen Trauerweide, neben einer Zwergpalme und einigen Weidenröschen, von einem Meer aus Orchideen umringt, waren eine junge Made, Ric, und eine grüne Raupe, Sandy, miteinander befreundet. Die kleine Made aß Ekliges, während sich die Raupe Sandy, grün und etwas faltig, mit Vorliebe vom reinen Saft aus dem Baum ernährte. Daher war Sandy auch eine sehr hübsche Raupe, das behauptete sie zumindest. Insbesondere am Morgen, wenn alles noch in dichtem Nebel gehüllt war, meinte sie, dass ihre neongrüne Farbe auffällig herausstechen würde, wenn sie sich nicht andauernd vor Insektenfressern und Vögeln verstecken müsste. In dieser Jahreszeit, in der das Leben blühte, war die Luft von Düften gesättigt, sodass es manchmal zu viel wurde. In den Horizont ragte nur ein Berg, der scheinbar nie die Farbe wechselte, selbst an verregneten Tagen schimmerte er rosaorange, in der Sonne aber zeigte er seine wahre Natur: rot wie Rost. In der Tat bestand er aus Eisen, das an ruhender feuchter Luft mit Rostbildung reagierte.

Die zwei Insekten spielten gerne miteinander und waren stets heiter und vergnügt. Doch eines Tages erzählte Sandy: »Mir geht es nicht so gut. Schau, auch die anderen Raupen rollen sich zusammen, wahrscheinlich haben sie Schmerzen.« Überall, besonders an den Weidenröschen, hingen rotbraun bis violette Insektenlarven an dem unteren Teil der Futterpflanze oder sie lagen am Boden zwischen Pflanzenresten in einem lockeren Gespinst. Sie waren leicht durchsichtig, sodass durch den Kokon die Falter zu erahnen waren. Auch Ric fühlte einen stechenden Schmerz, beide Insekten schauten sich um. In der Tat, die Zahl der Raupen war weniger geworden. Und plötzlich wusste er nur eins, sie mussten flüchten. »Vielleicht hast du recht. Es scheint, als seien alle krank. Lass uns zum Berg kriechen, solange wir uns noch nicht angesteckt haben«, schlug Ric vor, sehr besorgt um seine Freundin. So wechselte die brennende runde Kugel am Himmelszelt ihre Schicht und die Nacht brach herein.

Am nächsten Morgen jedoch sah Sandy Ric nicht am gewohnten Ort und auch sonst nirgendwo. In Panik verließ sie ihren gemütlichen Rastplatz und kroch in Richtung des Berges. Nach einer Weile machte sie erschöpft Rast. An einem Weidenröschen hing sie, um zu ruhen.

Ric aber, der nicht aufzufinden gewesen war, war von seltsamen Träumen heimgesucht worden. Es waren solche, in denen er mit Sandy in der Sonne lag. In einem weiteren wurden die zwei von Vögeln bedrängt, ein andermal hatte er sogar von seinen Geschwistern geträumt, die allesamt gefressen wurden. Da hatte sich Ric gewunden und seine Glieder gestreckt, sie schmerzten aufs Ärgste. Und er hatte sich nicht gewagt, sich weiter zu rühren, geschweige denn seine Augen zu öffnen. Seine luziden Träume hatten ihn abgelenkt von einem Zwicken und einem Zerren sowie dem Unvermögen, den Körper zu spüren vor Schmerz. Einige Zeit danach waren seine Glieder nicht mehr so schmerzhaft und Ric spürte das Verlangen auszubrechen. Aus dem Kokon geschlüpft, gold-grün, noch nicht ganz an seine Umwelt angepasst, mit zwei Flügeln, die in der Sonne trockneten, stand Ric da und sah an sich herunter. Aus ihm war eine erwachsene Schmeißfliege geworden. Was war passiert? Warum fühlte er sich anders? Wo war Sandy? In seinem Kopf ging viel vor, viele Fragen und keine Antworten. Eine andere Fliege, die in diesem Moment vorbeiflog, tröstete ihn: »Du bist jetzt erwachsen, genieß dein Leben, du hast noch 28 Tage zu leben.«

Ric tat, wie ihm geheißen, und flog davon. Unterwegs traf die Fliege eine Katze und neugierig fragte sie nach dem Namen des Berges. »Miau, sein Name ist mir soeben entglitten, ich nenne ihn den Zackboom-Berg«, antwortete sie. Ric fand das zwar merkwürdig, doch dann dachte er vor sich hin: »Was soll´s, Katze.« Nach tagelangem Herumfliegen kam er endlich am Fuß des Berges an und schmatzte weinend an vergammelten Überresten, hungrig von der langen Reise. Ein breiter Schatten fiel über ihn, sofort versuchte er sich in Sicherheit zu bringen. ›Nanu‹, dachte Ric, ›Vielleicht regnet es bald.‹ Zu seiner Überraschung aber rief eine liebliche Stimme: »Warum weinst du?

Schmeckt dir nicht, was du so hungrig vor dich hinschmatzt?«

»Ach, nein«, entgegnete Ric, der mit tränenerfüllten Augen zu kämpfen hatte und nicht in der Lage war, zu erkennen, wer da sprach. »Weißt du, ich habe eine gute Freundin verloren, es ist nicht allzu lange her, sie wurde krank.« Als die Tränen aus Rics Augen geflossen waren und seine Sicht klarer wurde, bemerkte er ein liebliches Wesen. War es ein Nachtfalterschmetterling oder ein Kolibri? Ric konnte sich nicht entscheiden. Das entzückende Wesen schwirrte in schnellem Flug um ihn herum, seine Flügel waren hell ockerfarben mit dunkelbraunen Sprenkeln, am Hinterleib war es hellrotbraun gefärbt und wie er hatte es einen Saugrüssel, bloß viel länger. »Ich bin gerade am Vormittag geschlüpft«, sagte es anmutig und war so in Gedanken vertieft, seinen süßen, flitzenden Schatten am Boden zu beobachten, dass sie die Bambuspflanze vor sich nicht sah. *Boom*. Ein Blitz und tausend Sterne leuchteten für sie allein, die unverschämt über sie lachten. Da lag sie nun, die Flügel gespreizt. »Ja, so war meine Sandy, ein Tollpatsch«, sagte Ric und das Schluchzen wurde wieder heftiger. Dann aber, immer noch tränenüberströmt, konnte sich Ric das Lächeln nicht verkneifen. Aus dem Misthaufen erhob sich der Schmetterling. Noch ganz durcheinander die Flügel putzend entgegnete sie: »Buh, so eine schöne Bescherung.«

Etwas drollig und aufgeheitert sagte Ric, der sich bereits über den Mist hermachte, laut schmatzend: »Nicht wahr? Mal kosten?«

Entsetzt schrie der Schmetterling, als er seine Flügel genauer betrachtete: »Ach du meine Güte, ich bin ein Taubschwänzchen, bitte, ich gehöre zur Familie der Nachtfalter.«

»Das dachte ich mir, die Kolibris haben Federn«, meinte Ric.

»Gerade mir muss so was passieren, das ist ja abstoßend«, jammerte der Schmetterling und schrie bei dem Anblick des angebotenen Mists vor Schreck, Ric auch, und so schrien nun beide aus voller Kehle. Ein Elefant, der vorbeieilte, flüsterte: »Nicht so laut, der Berg schläft.« Abrupt wurden beide still und schauten sich verblüfft an, zuerst den Elefanten, dann den Berg und dann sich gegenseitig und alle mussten laut lachen. Da, in diesem Lachen, erkannte Ric Sandy wieder, nur mit ihr hatte er so köstlich gelacht. Wie ein Blitz erinnerte sich Sandy auch an Ric.

»Meine Güte, du hast dich aber verändert.« Und beide fielen sich erleichtert vor Glück in die Arme.

Ein Lemure, der das Geschehen im Vorbeilaufen sah, riss die Augen noch mehr auf, als sie sonst ohnehin schon sind: »Oh je, was wird das, wenn es fertig ist?« Die beiden entgegneten zusammen, wie in alten Zeiten: »Schon mal in den Spiegel geschaut, du Waldgeist?«, und streckten dem Lemuren frech die Saugrüssel entgegen. Wie sie sich verändert hatten. Sandy beherrschte den Schwirrflug sehr schnell und konnte dazu noch viele Kunststücke, von denen Ric nicht zu träumen wagte. Die rote heiße Kugel am Himmel verließ schon den Horizont, Vetter Mond war jedoch noch nicht zu sehen. Der Lemure entgegnete völlig verwirrt: »Was ist bloß mit den beiden los, in Anbetracht der großen Gefahr?«, und fügte noch in Panik hinzu, »Bald ist es 18 Uhr.« Da schauten sich Ric und Sandy gegenseitig an und mussten sich vor Lachen winden. Sie umarmten sich und dabei flossen Tränen. »Sandy, weißt du noch? Warum müssen manche Tiere nie weinen?« Dann beide zusammen: »Weil sie vor Lachen die Tränensäcke immer leer haben.« Viele Tiere rannten davon, andere waren schon vorausgelaufen, da schrien sie Sandy und Ric hinterher: »Schnell, bald ist es 18 Uhr.«

Bei dem ganzen Überdruss vergaß Sandy die Lebensgewohnheiten von Ric und wie abstoßend ihn mancher fand. Dabei hatten beide viel gemeinsam, sie tranken beiden gerne Nektar, Pollen und Honigtau und beide waren am Tag aktiv. Eine Katze kam mit großen Schritten angerannt. »Na, Ric, ich kann Katzisch, sieh zu und lerne«, sagte Sandy. Ric machte große Augen, so überrascht war er. »Mitz, mitz,

mitz«, zischte Sandy, worauf die Katze abrupt stehen zu bleiben versuchte. Doch weil sie im Vollsprint war, bremste sie, fiel auf die Schnauze, flüsterte völlig durcheinander: »Autsch« und jaulte anschließend vor Schmerz. Kühn bemerkte Sandy: »So lieblich sind diese Geschöpfe, jetzt weißt auch du es.« Sandy war gerade dabei, sich zu sammeln, und vor allem, schon wieder den Staub von ihrem makellosen Körper zu entfernen. Sie fragte sich, was hier los war, als plötzlich, *Zackboom*, ein gewaltiger Blitz wie aus heiterem Himmel auf den Berg einschlug, ohne Donner und Regen. Alles schrie in Panik auf, alle wurden durchgerüttelt und fielen anschließend durcheinandergewirbelt auf den Boden. Die Köpfe wurden vertauscht und aus Katze und Hund, der eben noch neben der Katze gestanden hatte, wurde *Kund*. Aus Eule und Rebhuhn wurde *Euluhn*, und deren Köpfe und Schwänze vertauscht. Aus Kokospalme und Bambus wurde *Palmbus*, eine Palme mit Bambusästen. Aus Hund und Busch wurde *Husch*, ein Busch, der bellte und lief. Aus Sandy und Ric wurde *Sandric*. Jeder bekam die Hälfte des anderen. »Geh vorsichtig mit meinem halben Körper um«, schimpfte Sandy und Kund sagte zu Sandric: »Ja, das passiert täglich zwischen 18 und 24 Uhr.«

In den darauffolgenden Stunden musste Sandy das triste Leben einer halben Fliege fristen. Irgendwann gerieten sie deshalb in Streit: »Das ist meine Portion«, schrie Sandy.

»Da hast du es«, sagte der freundliche Ric gutmütig und glücklich, seine Freundin wiedergefunden zu haben, und ließ Sandy den Vortritt. Doch *Zackboom*, und der Spuk war vorbei. Gerade zurückverwandelt spuckte Sandy die Nahrung angewidert aus und die beiden lachten vergnügt. Dieses Ereignis gefiel ihnen so sehr, dass sie beschlossen, dortzubleiben. Den folgenden Tag versuchten sie es zu dritt. Kurz vor 18 Uhr standen Sandy, eine wunderschöne, bunte Motte und Ric bereit. Die beiden anderen berührten Ric mit den Fühlern und als es so weit war, *Zackboom*, kam eine riesige Motte zum Vorschein, mit drei Augen, sechs Flügeln und sechs Beinen. Nun konnten sie die Spinnen ärgern und die Spinnennetze zerstören, die so gefährlich waren. Selbst die großen Spinnen gerieten nun in Panik, schrumpften auf die Größe einer Stecknadel zusammen und zitterten bis Mitternacht, dann war es vorüber und alles wurde wieder wie gewohnt.

Bei der großen Spinnenkonferenz trat die Vogelspinne vor und schwor: »Das werden sie bezahlen, diese Niederlage werde ich nicht hinnehmen, ich werde sie bestrafen.« Und alle Spinnen jubelten. Sandy und Ric hingegen freuten sich und waren sehr gespannt auf die nächste Nacht. Eine Biene sagte schwermütig: »Hochmut kommt vor dem Fall, Kinder.« Sandy und Ric mussten sich natürlich darüber lustig machen. Die zwei warteten lange auf ein Insekt, das mitspielen wollte, aber keiner wollte freiwillig mitmachen. Sandy und Ric blieben allein, den ganzen Tag schon war eine leichte Brise zu spüren, die gegen Abend stärker wurde. Als der Berg wieder brummte, die Blitze die Umgebung erhellten und das Geschrei alles übertönte, da lagen die beiden fast unverändert da. Sandy hatte nur einen Flügel eingebüßt, genauso wie Ric. Was war passiert? Sie schauten sich belustigt an, doch das Lachen blieb ihnen in der Kehle stecken, als der Wind kam. Der Wind war noch jung und lebhaft, er wollte auch Spaß haben. Mit geschwungenen Wirbeln riss er die zwei auseinander. Sandy und Ric hatten sich somit nicht nur aus den Augen verloren, sie hatten damit auch die Rückführung ihrer Verwandlung verpasst. Der Wind war nun müde und legte sich schlafen.

Am nächsten Morgen wachte Ric in Panik vor dem Kreischen von tausenden und abertausenden von Vögeln auf, sie kreisten am Himmel und bildeten interessante Muster. Für eine kurze Zeit herrschte Finsternis. Die Vögel verteilten sich auf dem Boden und suchten nach Essbarem, sie aßen nicht, sie verschlangen, zerteilten und zerstörten, es war eine Party, bei der alles erlaubt war. Ric versteckte sich hinter einem Blatt, hörte ihre Gespräche. »Der da mit einem Flügel schmeckt nicht.«

»Woher weißt du das?«

»Drüben ist auch etwas Ähnliches, alle sagen, dass es verflucht ist vom Zackboom-Berg.« Die Vögel stritten sich alten Fäden wegen, sie spielten miteinander, Mütter schmusten mit ihren Kindern, andere putzten sich gegenseitig das Gefieder. Ric hatte schon verstanden, dass er sich nicht mehr zu verstecken brauchte, er war ja ein Verfluchter und schmeckte nicht. Er kroch durch die Menge, zornig über den Wind, der mit ihnen spielen wollte, zornig über die anderen, die ihn nicht gewarnt hatten, zornig über sich selbst, der nie erwachsen wurde und sogar zornig über die Vögel, die ihn nicht fressen wollten. Vor allem war er zornig, weil er Sandy nie wiedersehen würde und er einen Flügel verloren hatte. Er musste vorsichtig damit umgehen und die Vorstellung, dass Sandy es auch quälte, mit dieser Veränderung zu leben, die sie nicht verdient hatte, machte ihn wahnsinnig. ›Die sollen mich fressen, wenn sie wollen, bitte‹, dachte Ric und bemerkte nicht, dass er von Vögeln umkreist war, die ihm Blicke voller Abscheu zuwarfen. Der Anführer startete den Abflug mit einem lauten Kreischen und sogleich wie auf Befehl stiegen sie alle empor. Das war ein Lärm von Flügelschlägen, dem obligatorischen Schnattern und im Nu waren sie fort. Federn schwebten in der aufgewirbelten Luft. Hätte Ric die Wiese betrachtet, voller Federschmuck, hätte er sich ein wenig aufheitern können, aber Ric war zu traurig. Im Gebüsch versteckt weinte er bitterlich. Ein Regenwurm betrachtete ihn mitfühlend: »Immerhin weißt du jetzt, wo du suchen musst.« Daraufhin flog Ric mit einem Flügel los, entschlossen und dankbar, dass er auch unter diesen Umständen einen Freund gefunden hatte. Mit den besten Glückwünschen im Gepäck summte Ric und sang sein Lied. Es war kein fröhliches Lied, es besaß eine Sandy gewidmete Melodie der Sehnsucht und dankte dem Wind, der seinen Übermut bestraft hatte.

Sandy,
mein Herz,
meine Inspiration und die Kraft,
die steckt in mir
bedenke die Scherze,

unser Lächeln und unsere Luft,
die ist nun bei dir
danke dem Wind,
der uns trennte wegen unserer Dummheiten
ich will dich finden und dich heilen
so viel Zeit bleibt nicht mir.

Der Wind kam, sein Wirbeln war schwach wie eine sanfte Hand, die nicht verletzen möchte und hob Ric in die Höhe. Der Arme dachte schon, seine letzte Stunde sei gekommen und schloss die Augen, um vor Schreck nicht zu schreien. Überraschenderweise war der Wind so entzückt über Rics Gesang gewesen, dass er die beiden nun zusammentrug.

Nach der Rückverwandlung beschlossen Sandy und Ric, keine Dummheiten mehr zu machen, und flogen in Richtung Dorf, wo die Menschen wohnten. Von dort, nicht unweit von Sandys Quartier, hörten sie ein leises Wimmern. »Lass uns sehen, was los ist«, schlug Ric vor. Auf ihrem Weg dorthin fing der Zackboom-Berg aufs Neue mit seinem Konzert an und sie waren nicht dabei. »Seltsam Ric, ob wir endlich anständig werden?«, fragte Sandy Ric, der bereits die Quelle des Wimmerns ausgemacht hatte.

»Da, ein Kind, es ist wohl krank, was meinst du, wenn wir morgen bei Tageslicht zu Besuch kommen?«, schlug er vor, während sie das Kind durch das Fenster beobachteten. »Ja, Ric das wäre klasse, aber was ist das?«, bemerkte Sandy.

Ein drohender, riesenhafter Schatten glitt von der Außenwand und flüsterte: »Ich kriege euch«.

Ric bestätigte: »Unheimlich, findest du nicht?« In Panik flogen sie in die Krone einer großen Linde, dort überlegte Sandy: »Vielleicht sollten wir nie wieder dorthin«, noch am ganzen Körper zitternd.

»Sandy, hast du die Geranien am Fenster gesehen?«, fragte Ric. »Die leuchten selbst in der tiefsten Nacht. Ich mag sie am liebsten.«

Jene Nacht wurde Ric von bösen Träumen heimgesucht, von der Art, wovon man am nächsten Tag nichts mehr wissen will, doch Sandy hatte mitbekommen, wie er sich windete und laut summte, während der kleine Edi in einer Hängematte lag und an hohem Fieber litt.

Mit den ersten Sonnenstrahlen war die Hütte hell erleuchtet, durch das offene Fenster wagten Sandy und Ric, den Jungen zu besuchen. Als Edi Sandy erblickte, lächelte er strahlend über das ganze, von der Krankheit geplagte Gesicht. Edi schwieg und genoss ihren Flug. Ric, etwas beleidigt, ertränkte seinen Frust mit einem ordentlichen Schluck von dem Nektar der Geranien.

Es war nur ein Augenblick, so schnell war sein Leben ausgelöscht. Die Vogelspinne hatte Wort gehalten, sie hatte sich in den Geranien versteckt, wissend, dass der Duft des Nektars unwiderstehlich war. »Du bist die Nächste«, fauchte die Vogelspinne.

Später, als sie ihren Partner fand, flog Sandy davon. Unterwegs erfuhr sie von einer anderen Fliege, dass Rics Zeit sowieso schon abgelaufen gewesen wäre, Fliegen leben nicht so lange. Sandy hingegen hatte noch drei Monate Zeit, so flog sie in den Himmel hinauf und wurde nie wieder gesehen.

Wenn du ganz still den Morgentau bewunderst und die schüchterne Sonne im Gemüte wirken lässt, kannst du auch ihre Melodie hören, es ist der Wind, er vergisst nicht geschwind.

Agathe Schwippst

Agathes schwarzer Tag

Agathe war eine Englischlehrerin in der Grundschule, ihre kleine Welt bestand aus sich selbst und der Gewissheit, dass alles seine Ordnung hatte. Sie lebte in aller Abgeschiedenheit, das Tor war stets geschlossen und alles war verriegelt. Zu Hause war Agathe in ihrem Element. Ihr Heim war umgeben von einer hohen Mauer, im Vorgarten wuchs nichts, was sie nicht absichtlich dorthin gepflanzt hätte. Jede Art von Tier hielt sich fern, die Ordnung und die Sterilität des Wohnzimmers waren Agathes Maßstäbe für Frieden und Glückseligkeit. An diesem Morgen, kurz bevor sie zur Schule fahren wollte, sprang das Auto nicht an, ganz verärgert musste Agathe ein Taxi bestellen. Sie konnte einfach nicht begreifen, was geschehen war »Gestern noch ist es so gut gefahren, abgesehen von einem kleinen Kratzgeräusch«, grübelte Agathe. In der Schule aß sie zum Frühstück ein selbst gemachtes Sandwich mit Pilzomelett, die Pilze hatte sie selbst auf einem Waldspaziergang gesammelt, wie gewohnt, wenn sie welche fand. Sie kannte sich gut aus. Die Katze des Hausmeisters, Mitzi, war trächtig, sie kam wie üblich vorbei, um etwas zu erbetteln. Agathe gab Mitzi auch etwas davon, als plötzlich das Unheil seinen Lauf nahm.

Wie von starken Schmerzen getroffen warf sich die Katze auf den Boden und übergab sich. Der Hausmeister brachte die Katze sofort zum Tierarzt und schaute Agathe erbost an, während Mitzi die grausamsten Laute von sich gab, die man sich nur vorstellen kann. Agathe wurde nun auch schlecht, mit der Hand am Mund lief sie zur Toilette. Sie wurde ins Krankenhaus gebracht, wo sie schlapp und apathisch einfach nur dalag. Eine junge Rettungssanitäterin, die vorbeikam, schaute Agathe grimmig an. Zum Scherzen aufgelegt fragte sie: »Was fehlt der Frau?«

»Ich schaue mal nach.«

»Ich wette TBA.«

»Was soll das sein?«

»Tod bei Ankunft.«

»Lass das sein, du musst deinen Job ernst nehmen«, fügte der Kollege hinzu, obwohl auch er schmunzeln musste. Nach einer Magenentleerung wurde Agathe entlassen. Zu Hause lag Agathe mehr tot als lebendig auf dem Sofa, als es an der Tür klingelte. Der Briefträger hatte einen an Agathe adressierten Brief, den er persönlich an sie abgeben musste. Es war ein schwarzer Brief, ausgerechnet am Freitag den 13. Sie empfand das als unverschämt, nicht nur, weil sie gestört wurde, sondern auch noch mit einem schwarzen Briefumschlag. Der Briefträger überreichte ihn dazu mit zitternder Hand. Wutentbrannt und vollkommen außer sich ertappte sich Agathe dabei, dass auch sie zitterte. Sie wandte ein: »Ich bekomme so etwas normalerweise nicht.« Aber dann, nach peinlicher Stille von beiden Seiten, gab Agathe nach. Der Briefträger hatte noch nicht das Grundstück verlassen, als ein lauter Wutschrei die Natur fast zum Beben brachte. »So ein Mist, wieso ich?«, schimpfte Agathe. Er war ja an sie adressiert, also setzte sie sich und öffnete den Brief.

Sehr geehrte Frau Agathe Schwippst, hiermit setzen wir Sie darüber in Kenntnis, dass Ihr Großvater, Roman Schwippst, in seinem Haus tot aufgefunden wurde. Es handelt sich um einen natürlichen Tod und da Sie und Ihr Vetter, Aji Schwippst, die letzten lebenden Nachkommen des Verstorbenen sind, bitte ich Sie, Kontakt mit mir aufzunehmen – auch bezüglich des Begräbnisses …

Blass und schweißgebadet verharrte sie kurz auf ihrem Stuhl, als laut, frech und aufdringlich, so kam es ihr zumindest vor, das Telefon klingelte. Es war eine Ewigkeit her, dass jemand sie angerufen hatte, und so ahnte sie schon den Vetter als Störenfried.

»Hier Irrenhaus, was wollen Sie?«, meldete sich Agathe.

»Agathe, ich bin es, dein lieber Vetter und jetzt Mitstreiter, was Großvater angeht. Wir müssen jetzt zusammenarbeiten, schließlich muss der Gute begraben werden.«

»Ach, Aji, ist schon lange her, ja sicher, das müssen wir.«

Gegen Abend rief der Hausmeister der Schule an: »Guten Abend Agathe, ich wollte mich entschuldigen und sagen, dass es Mitzi gut geht, sie hat fünf Kätzchen auf die Welt gebracht ...« Er wollte noch etwas dazu sagen, aber Agathe knallte schon den Hörer auf die Gabel. »Das auch noch«, schrie Agathe in ihrer Verzweiflung und lag lange regungslos auf dem Sofa.

Von ihrem Vetter hielt sie nicht viel, er war ein Rüpel, wie er im Buche steht und er trank gerne von Zeit zu Zeit einen über den Durst. Solange die Begräbnis-Arbeit andauerte, waren sie stets füreinander da, denn Pflicht ist Pflicht, obwohl sie beide daran keine Freude hatten. Am Tag der Beerdigung waren nur wenige Leute anwesend, der Wind war schwach und frisch, Aji wollte einen Blumenstrauß besorgen.

»Grüß dich, Agathe hoffentlich bin ich nicht zu spät, vor Trauer habe ich mir gestern Abend die Kante gegeben, mein Schädel brummt noch immer«, rechtfertigte er sich, endlich angekommen.

Agathe entgegnete mit finsterer Miene: »Wo ist dein Blumenstrauß?«

Etwas verlegen entgegnete Aji: »Zum Teufel, ich wusste doch, dass ich etwas vergessen hatte.« Ein schneller Griff und schon hatte er einen Blumenstrauß vom Nachbargrab in der Hand.»Der wird sich nicht beschweren.« Ein paar der Anwesenden hatten es bemerkt, man redete schon flüsternd über ihn. Wie immer hatte Aji in solchen Fällen ein breites Grinsen parat, Agathe sah ihn mit Entsetzen an. ›Großvater vergib ihm, aber du hast uns auch nichts anderes beigebracht, man muss schließlich sparsam leben‹, dachte Agathe mit vor Scham geschlossenen Augen. Kaum war der Großvater unter der Erde, schon verdunkelte sich der Himmel und dicke Wolken entleerten sich auf dem Friedhof.

Triefend nass kamen beiden an diesem Tag nach Hause. Agathe holte sich einen Schnupfen und Aji kurierte sich bei einem ordentlichen Trinkabend auf seine Weise aus. Sein Großvater war sehr wohlhabend gewesen. Aji pflegte sich bei seinem Großvater einzuschmeicheln, so spielte er sich immer als Bewunderer seines Segelschiff-Modells auf, der Dreimaster *Victory Portsmouth von 1765*, das älteste Schiff des britischen Marinedienstes und der Welt.

»Dies hier ist ein besonderes Exemplar, das schönste, welches die sieben Meere je gekreuzt hat, bekannt als Flaggenschiff von Vizeadmiral Nelson in der Schlacht von Trafalgar, in der er auch den Tod fand, dieser Sieg trug indirekt zur Niederlage von Napoleon bei. Bei der Schlacht von Trafalgar waren 27 britische Schiffe gegen 33 der Franzosen und Spanier ...«, so fing der Großvater immer an zu erzählen, während Ajis Augen immer so sonderbar glänzten.

Irgendwann ergänzte Aji: »Vierundfünfzig Admiräle seit 1907, zwanzig Kilometer pro Stunde, hundertvier Kanonen ...« dann zitierten sie zusammen »Thank God I have performed my duty« (*Gott sei Dank habe ich meine Pflicht erfüllt*). Die meisten Männer unterhalten sich über Sport und Ähnliches, aber für die beiden war dies so gut wie der einzige Gesprächsstoff. Agathe ergänzte dann immer in spottendem Ton: »Kiss me, Hardy«, und zog damit den etwas zornigen Blick der beiden auf sich, denn dies waren Admiral Nelsons letzte Worte. Im Winter, wenn das Feuer im Kamin prasselte, hörte der Großvater gedankenverloren zu, während Aji erzählte. Ajis Darstellung war so lebendig und leidenschaftlich, Agathe konnte auch schon die Schiffe schaukeln sehen, bei unruhigem Wellengang, während der Wind in Richtung Kampf in die Segel bläst. Da hatte Aji wieder Großvaters altes Seelöwenherz berührt und Agathe konnte ihm deswegen nicht böse sein. Der Termin zur Testamentseröffnung war in einem Jahr vereinbart, bis feste Tatsache vorliegen würden. Am Abend der Beerdigung schrie Aji, bereits in der dritten Bar angekommen, im Suff: »Ich werde sie töten müssen, ich allein werde Universalerbe sein.«

Alle dort Anwesenden hatten dies mitbekommen und die Polizei wurde benachrichtigt. Die arme Agathe musste fortan beschützt werden. Auf Wunsch des Bürgermeisters fand eine Konferenz im Rathaus statt, eingeladen dazu waren der Polizeioberkommissar und der Oberkommandeur des Militärs.

In einem geräumigen Büro, von Licht durchflutet, umgeben von einer grünen Anlage, ergriff der Bürgermeister das Wort: »Meine Herren, wie wir alle wissen, ist Roman Schwippst, Gott sei seiner Seele gnädig, von uns gegangen. Sein Vermögen soll sehr groß sein, man bedenke aber, dass er vergangenes Jahr allein wegen Steuerhinterziehung fünf Millionen Euro zurückzahlen musste. Das stellt nun für uns eine wichtige Einnahmequelle dar. Wie jedem bekannt ist, sind seine einzigen Erben die schutzlose Agathe und der Alkoholiker Aji. Mein Wunsch ist, Agathe die Verantwortung für das Vermögen zu überlassen und Aji wegen Unzurechnungsfähigkeit außen vorzulassen.«

Der Polizeioberkommissar ergriff das Wort: »Rechtlich haben wir keine Befugnis, ihn einzusperren.«

»Wir könnten Agathe im Rahmen eines Schutzprogramms für bedrohte Erbberechtigte internieren und fit machen für die bevorstehende Verantwortung«, fügte der Oberkommandeur des Militärs an.

Der Bürgermeister entgegnete etwas barsch: »Sehr geehrter Herr Oberkommandeur, wie gedenken Sie Agathe zu schützen? Ihre Einheit steckt noch in den Kinderschuhen.«

»Fürwahr, fürwahr, aber ich pflege immer zu sagen, dass der Mensch mit seinen Aufgaben wächst. Lassen wir die Jungs gewähren, sie werden das Richtige machen.«, schlug der Oberkommandeur vor.

Agathe wurde zu einem Gespräch beim Militär vorgeladen. Bereits am Tor wurde sie erwartet und ins Büro des Oberkommandeurs gebracht: »Guten Morgen, Frau Agathe Schwippst, ich bin beauftragt, Sie zu begleiten, mein Name lautet ...«

Im Büro des Oberkommandeurs, Daniel Lee, waren ein Sekretär und ein Offizier. Der Offizier sah Agathe vertrauensvoll an, gab ihr in dieser Stunde der Hilflosigkeit Halt – und das war gut. Sein Name war Jim Dick. Das las Agathe auf seiner Uniform. Sie war völlig verwirrt, die Arme hatte keine Ahnung, was los war und behielt trotzdem die Fassung.

Der Oberkommandeur musterte Agathe mit ernster Miene: »In Anbetracht der großen Verantwortung, die Ihnen durch die bevorstehende Erbschaft zuteilwird, möchten wir sie dem Schutz unserer Sondereinheit unterstellen, an einem Ort, wo Sie bis zur Testamentseröffnung sicher sein werden. Selbstverständlich nur, wenn Sie möchten, andererseits ist dies auch der Wunsch des Bürgermeisters. Jim Dick, machen sie die Tür zu.«

»Aye aye, Sir«, rief Jim Dick und der Oberkommandeur fuhr fort. »Sie lernen, sich zu wehren, selbstbewusster zu handeln, denn ihre Sicherheit liegt uns am Herzen.«

Etwas unsicher entgegnete Agathe: »Was wird aus meinem Haus, wenn ich ein ganzes Jahr nicht da bin?«

»Unsere Einheit hat die Aufgabe Aji bei frischer Tat zu ertappen, um ihn zu überführen. Die Einheit ist in der Ausbildung, quasi für sie gegründet. Mit ihrer Unterschrift verpflichten Sie sich, das Programm bis zur Testamentseröffnung durchzuziehen, möchten sie das tun?«, fragte der Oberkommandeur.

»Wenn der Bürgermeister das für gut hält, wird das wohl passen, Großvater hat viel von ihm gehalten. Was wird mich das kosten?«

»Machen Sie sich keine Gedanken, es ist uns stets eine Ehre.«

Bevor sie das Büro verließ, fiel ihr die große Wand auf, rechts vom Schreibtisch, die letzten zehn Präsidenten bis George Bush, Amtszeit Nummer 50, hingen dort, sie trugen Krawatte, Anzug und lächelten. Ganz unten auf der rechten Seite war eine Säule abgebildet mit 29 Namen, die Namen der Präsidenten der USA ab 1861 mit abwechselnden Farben versehen zur Kennzeichnung der Amtsperiode der republikanischen oder der demokratischen Partei. Neben der hinteren Schreibtischecke hing ein Teppich an der Wand mit dem Siegel der Präsidenten der Vereinigten Staaten von Amerika. Es zeigte den Weißkopfseeadler. Der Adler hielt in seinen Klauen einerseits einen Olivenzweig, andererseits ein Bündel von Pfeilen. Der Weißkopfseeadler dreht den Kopf in Richtung Olivenzweig, was die Bereitschaft zum Frieden bedeutet. Im Schnabel hält er eine aufgerollte Schriftrolle mit der lateinischen Inschrift *e pluribus unum*, was *aus vielen eines* bedeutet. Das Schild auf der Brust hatte dreizehn senkrechte Streifen, wie dreizehn Oliven, Pfeile und Sterne sind sie Symbole der dreizehn Kolonien, die 1776 ihre Unabhängigkeit von Großbritannien erklärten. Agathe merkte nicht wie, doch die Hand berührte das Herz, zum Gruß, wie auch die vom Oberkommandeur. Das Büro war sehr groß und hell, da nicht nur von den großen Fenstern das Licht hineinströmte, sondern auch von der verglasten Dachterrasse darüber. Grüne Pflanzen schafften eine gute Atmosphäre, die Einrichtung entsprach den modernen Anforderungen, auf einem Aktenstapel lag ein Schnellhefter über die Venus von Milo. Als er merkte, dass Agathe das Heft intensiv ansah, sagte er fast entschuldigend: »Das gehört meinen Sohn, ich soll mir das mal ansehen. Haben sie gewusst, dass sie in der linken Hand einen Apfel gehalten hat? In der Zeit des Pariser Aufstandes von 1871 wurde sie im Keller der Polizeipräfektur versteckt und hat es trotzdem überlebt, obwohl das Gebäude damals niedergebrannt wurde.«

Und die beiden betrachteten die Venus von Milo. Agathe aber schenkte ihre ganze Aufmerksamkeit den Falten der Tunika. Die halb nackte Statue der Göttin Aphrodite symbolisierte das Ideal der weiblichen Schönheit in ihrer Anmut und jugendlichen Vollkommenheit.

Wallungen des Rechts

Ein paar Wochen später, als Maria Grace Louise Mohamed Sánchez einigermaßen auf die Beine kam, musste sie den müßigen Gang der nachträglichen Unfallmeldung und der Suche nach einem Rechtsanwalt nachholen. Das Polizeipräsidium war am Bahnhof, es war erst neun Uhr morgens. Schleppend langsam mit Gehhilfe schlingerte Maria schweren Herzens dorthin.

»Buenos días, oficial. Ich möchte meinen Unfall melden.«

»Buenos días, señora, denken Sie nicht, dass das etwas zu spät ist?«

»Perdón señor, ich war nicht in der Lage, jetzt kann ich mich einigermaßen bewegen. Der andere Autofahrer hat mich angefahren und Fahrerflucht begangen.«

»Ah, ich sehe, warten Sie einen Augenblick.«

Im Flur wartete sie eine ganze Stunde, die Beamten aber liefen ständig hin und her mit Donuts in verschiedenen Variationen und Kaffee. Sie hörte sie über ihre Witze lachen und herzhaft über das Wochenende diskutieren.

»Die haben wohl Frühstückspause, das wird dauern«, sagte einer, der schon dort wartete. Marias Gedanken kreisten um die Kinder, zum Chef musste sie auch noch, wie sollte sie ihn trösten? Marias Kopf fing schmerzhaft an zu pochen und sie konnte nicht unterscheiden, wo der größte Schmerz herkam, vom rechten Bein oder von den gebrochenen Rippen?

Irgendwann dann: »Señora Maria Grace Louise Mohamed Sánchez, kommen Sie herein.«

Sie wurde in einen schäbigen Raum gebracht, wo sie erschöpft Platz nahm. Nach gut dreißig Minuten kam ein Beamter herein.

»Buenos días, señora, ich bin der Kommissar Converto Indietro. Sie möchten einen Unfall melden?«

»Sí, señor.«

Mit Stift und Notizblock bewaffnet zeigte der Kommissar seine Bereitschaft zuzuhören. Maria hielt zuerst inne, denn plötzlich war ihr Kopf wie leer gefegt. »Also, am neunten Mai wollte ich zur Arbeit, es war sieben Uhr morgens, als ein Geisterfahrer ohne zu bremsen auf mich zugerast kam. Ich habe versucht, ihm auszuweichen, da wurde ich schon von der Bahn gestoßen und bin gegen die Straßenlaterne geprallt. Der Geisterfahrer ist weggefahren, ohne Hilfe zu holen«, berichtete sie.

»Waren Zeugen da?«, fragte der Beamte.

»Ja, eine Menge, zu dieser Zeit sind einige unterwegs. Leider waren es nur Gaffer, sie berauschten sich daran, Videos aufzunehmen, als ich vor Schmerz schrie, und überhaupt keiner wollte Hilfe leisten. Der Geisterfahrer hat noch eine Weile von Weitem zugeschaut.«

»Haben Sie den Mann erkannt? Was wissen Sie noch?«

»Nichts Genaues, ich war nicht richtig in der Lage zu denken, da ich mir den Kopf angestoßen habe und mir Blut vor die Augen rann, ich sah ihn flüchtig vom Rückspiegel aus.«

»Da wir nichts in der Hand haben, können wir nur noch eine Anzeige gegen unbekannt machen, hier meine Karte, wenn Sie noch etwas dazu wissen, melden sie sich. ¡Hasta luego!«

»¡Muchas gracias! Adiós.«

Von innerem Zorn zerfressen ging Maria zügiger, da wunderte sie sich, was für eine enorme Kraft noch in ihr schlummerte. Nach langen Recherchen fand Maria einen Rechtsanwalt für Verkehrsdelikte in der Nähe. Leider bekam sie erst in drei Wochen einen Termin, da die Kanzlei mit ihren Aufträgen überlastet war. Als der Tag gekommen war, begrüßte sie ein Mitarbeiter:

»Buenas tardes, Señora Maria Grace Louise Mohamed Sánchez, wie kann ich Ihnen helfen?«

»Ich bin angefahren worden ...«, antwortete Maria und erzählte ihre Geschichte.

»Wissen Sie, wer der Geisterfahrer war?«

»No.«

»Was wissen Sie sonst noch?«

»Es war sieben Uhr morgens ... Jemand hat dann den Krankenwagen angerufen ...«

»So, das sollten Sie noch besorgen, sonst können wir nichts tun.«

Maria bekam einen Zettel mit einem kurzen Hinweis auf zu klärende Punkte. Die Post der Polizei flatterte ihr so umfangreich ins Haus, dass es ihr eine Freude war, dieser entgegenzutreten. Sie seufzte. Die Polizei wollte einen Bericht über den Zustand des Autos. Schon wieder wollten sie mehr Angaben über den Geisterfahrer und die Zeugen, es musste unendlich viel Papierkram ausgefüllt und verschickt werden, es ging um Vorschriften, Angaben zu Zeugen, die sie nicht hatte.

In jener Nacht schlief Maria nicht gut, sie wälzte sich ständig hin und her. Mal schlug sie die Decke beiseite, dann zog sie sie doch gegen die Kälte wieder über sich. Wobei jede Bewegung unendlich viel Mühe und Schmerzen kostete, dann überlegte sie sich, sich doch zu setzen, vielleicht könnte sie auf diese Art und Weise den ganzen Bewegungsdrang etwas eindämmen und den Schmerzen Milderung bescheren. Beim tiefen Einatmen und leichten Husten spürte Maria immer noch die schmerzenden Rippen, obwohl die mittlerweile hätten verheilt sein müssen. Beunruhigende Gedanken schwirrten ihr durch den Kopf und ließen nicht nach. Was wäre, wenn sie den Täter wiedererkennen würde? Was, wenn es ihr möglich wäre, ein Bild von ihm zu liefern? Was, wenn überhaupt auch eine Skizze reichen würde? Sie lief unruhig und in tiefen Gedanken hin und her. Die schleichenden Lichtkegel von vorbeifahrenden Fahrzeugen wanderten mal von links nach rechts und umgekehrt. Die Geräusche der Straße waren ein Trost, sie fühlte sich heimisch in ihrem Haus. Der Sohn kam verstört und müde herein.

»Mutter, muss das sein? Ich bin müde und deine Krücken sind sehr laut.«

»Perdón, mein Schatz, ich werde leiser sein.«

Gezwungen, sich endlich auszuruhen, nahm Maria

Stift und Papier und fing zu kritzeln an. Mit dem inneren Auge der Erinnerung versuchte Maria, die Züge des Tätergesichts zu rekonstruieren. Sie zeichnete und radierte, wartete in der Stille, und bei jedem tiefen Atemzug zuckte sie schmerzhaft zusammen. Als sie endlich fertig wurde und mit dem Kopf in den Händen weinte, war sie so wütend, dass sie am liebsten die Zeichnung weggeworfen hätte. Also legte sie sie erst einmal beiseite und machte mit dem Handy ein Bild.

Diese Nacht hatte Maria kaum geschlafen, trotzdem war sie am nächsten Tag Feuer und Flamme. Zuerst sandte sie die Skizze dem Anwalt, der Polizei, Freunden und Bekannten und anschließend ging sie spazieren. Sie nannte das *Auf-die-Jagd-gehen.* Jede Begegnung war eine Konfrontation mit dem Bild.

»Buenos días, kennen sie diesen Mann, er hat mich angefahren und wird von der Polizei gesucht.« Das sagte sie dutzende Male denjenigen, die bereit waren, ihr zuzuhören. Die meisten hatten weder Zeit noch Verständnis dafür, die älteren Menschen fingen sogar an, von ihren eigenen Unfällen zu erzählen, und, weiß Gott, wie ausufernd sie waren, vor allem aufregender und oft grausamer. Beim Metzger und Obstladen erlebte sie seltsame Ereignisse. Obwohl die Leute bestritten, denjenigen zu kennen – sie fragten »Was ist das? Man kann nichts erkennen« – wurden sie dennoch unruhig, Maria hatte gerade das Geschäft verlassen und schon sprachen sie am Handy aufgebracht und nervös. Maria hatte den Eindruck, nichts bewirkt zu haben und voller Enttäuschung warf sie die Skizze in den Mülleimer.

Am nächsten Tag klingelt plötzlich ihr Handy. »Buenas tardes, Señora Maria Grace Louise Mohamed Sánchez? Hier spricht die Polizei. Jemand hat sich heute freiwillig gestellt, ihr Unfallverursacher, sein Name ist Mateo Jesús Hernández Gómez, kennen Sie ihn? Bitte suchen Sie nicht weiter.«

»No, muchas gracias.«

»Con mucho gusto, adiós.«

Der Rechtsanwalt und die Polizei aber waren damit nicht zufrieden, sie baten immer noch nach Zeugenaussagen. Es stellte sich heraus, dass Mateo Jesús Hernández Gómez der Großhändler einer der wichtigen Straßen war, derjenige, der viele Läden belieferte, das war Maria absolut peinlich, das war eine Nummer zu groß. Von da an häuften sich unbegreifliche Zwischenfälle. Der Werkstattmeister, der Marias Unfallschäden am Auto erfasste, schrieb für die Polizei einen Bericht über viele Mängel, die bereits vor dem Unfall vorhanden waren, mit dem Ergebnis, dass sie das Fahrzeug gar nicht hätte benutzen dürfen. Maria war empört, denn sie hatte ihren Wagen immer für in Ordnung gehalten. Marias Sohn wurde auf dem Weg zur Schule verprügelt und sein neuer Schulranzen aufgeschlitzt. Ihrer Tochter wurde in der Mensa das Tablett mit dem Frühstück ins Gesicht geschmissen, dazu die Warnung: »Deine Mutter soll endlich schweigen, sonst wird es schlimmer. Du tust das auch, wir behalten euch im Auge.«

Die Polizei ließ alle Anklagen auf unterlassene Hilfeleistung und Fahrerflucht fallen: »Na ja, er war nicht gleich weg und andere haben doch den Krankenwagen gerufen, das ist doch ok.«

Zur Körperverletzung wurde gesagt: »Na ja, Ihr Fahrzeug war nicht fahrtüchtig, eigentlich müssten Sie wegen unerlaubten Fahrens angeklagt werden.« Selbst der Rechtsanwalt änderte das Register: »Die Gegenpartei gibt sich damit zufrieden, dass kein Schadensersatz von Ihnen verlangt wird, da Sie zu 100 Prozent die Schuld tragen, man berücksichtige Ihre Verletzungen, die Sie sich selbst mit dem defekten Fahrzeug zugefügt haben, daher werden Sie von den Schäden an dem anderen Fahrzeug befreit. Das ist gut, finden Sie nicht?« Marias Bein und die schmerzenden Rippen erzählten etwas anderes, aber wen interessierte das?

Schutzprogramm

Sehr früh am Morgen, nachdem alles vorbereitet war und man die Anweisungen der Einheit übergab, wurde Agathe abgeholt, mit einem schlechten Gefühl und einem Kloß im Hals. Sie fuhr mit einem Schiff über den Ozean, die Gischt schlug an die Flanken des Schiffes, vom Bullauge aus sah Agathe die unendlichen Farbwechsel des Wassers, von dunkel bis grünlich, über Türkis und schließlich hell. Sie hatte ihre Gedankenwelt auf null gestellt, um vor Kummer und Angst nicht wahnsinnig zu werden. Sie stand apathisch da und wünschte sich, nie geboren worden zu sein. Bereits am nächsten Tag konnte Agathe den Himmel nicht mehr vom Meer unterscheiden. Sie wurde seekrank, sie wünschte sich über alles, dieser Tortur zu entgehen, obwohl sie noch in einer einigermaßen sauberen Kabine saß. Ein Offizier trat herein mit Salzstangen und einem Schälchen Obstsalat.

»Ab jetzt lautet Ihr Name Annemarie Duclair, hier Ihre neuen Daten, die müssen Sie auswendig lernen, ich werde Sie später abfragen. Was geschieht, ist nur zu Ihrem Besten, es wird hart werden, das geht jedem so, der hier ausgebildet wird. Spielen Sie mit und alles wird gut.«

Salutierend ließ er Agathe allein.

Agathe las: »Annemarie Duclair, geboren in Bradford, Nordengland, am 11. Mai im Jahr 1985. Die Eltern John und Lucille Duclair waren Rechtsanwälte. Am Tag der Geburt ereignete sich eine Katastrophe, die die Wehen früher als geplant einsetzen ließ. Es kam zu einem Brand im Stadion. Bei einem Fußballspiel geriet die alte Holztribüne des Bradford Stadions in Brand. Es gab 56 Tote, 265 Verletzte, die Mutter sah Fernsehen, als die Meldung in einer Zwischenpause durchgegeben wurde, der Vater war dort, zum Glück passierte ihm nichts. Sie hatte zwei Schwestern, Livia und Elisabeth. In den USA hatte sie das Studium als Lehrerin in der englischen Sprache abgeschlossen.«

Agathe war so durcheinander, tausende Gedanken kreisten in ihrem Kopf. Sogar einen liebevollen Vater soll sie gehabt haben. ›So ein Quatsch‹, dachte sie. Plötzlich dachte sie auch an ihr Hobby, das Schnitzen von Holzfiguren. Die zwei Hände mit dem schlafenden Baby, sie waren fast fertig nach so langer Zeit. Sie hatte sich neulich die Lösung für das fallende Gewand ausgedacht, die Venus von Milo war ein Anreiz gewesen, nun, ohne Notiz und Vermerk, war der Einfall verloren. Die Zähne des Tigers wären auch schon bald beendet. Auch die Rosettenpflanze in ihrem Garten, der täglich ihr erster Gruß gegolten hatte, würde sie nicht wiedersehen. Die empfindliche Pflanze brauchte intensive Pflege, niemand wüsste damit umzugehen außer Agathe. ›Die Rosette wird mir das nie vergeben, sie wird sicher sterben‹, dachte Agathe schmerzhaft. Ein schwacher Sonnenstrahl erhellte die Unterlagen, die Agathe in der Hand hielt. Sie dachte an die Rosette und die Fürsorge und Aufmerksamkeit, die sie ihr entgegenbrachte – immer nach dem Winter, da war sie noch klein und flach, fast wie eingeschüchtert. Im Frühling glänzte sie in sattem Erbsengrün und streckte sich so, dass sie über den Blumentopf quoll. Im Sommer aber stieg die Rosette zum Himmel empor und zeugte Unmengen neuer Rosetten, die Blütezeit, die Spickzeit, da zeigte sie vor dem Tod ihre Zuckerseite. Agathe behütete und bewunderte ihre Rosettenpflanze in gleichem Maße wie eine Henne, die für ihr Küken bereit ist, ihr Leben zu opfern. Doch das machte auch mürbe, sie konnte nicht verstehen, warum das so ist. Erst im Herbst bedankten sich die neuen Rosetten, die überlebt hatten, mit stolzen, braunen, kleinen Stacheln, so gefährlich und doch anmutig. In Gedanken daran war sie glücklich und entspannt. Sie würde auch die Sonnenuntergänge vermissen, die sie auf dem Balkon genoss, während sie die Hausaufgaben der Schüler korrigierte. Agathes Kopfschmerz wuchs in einem Maße, dass der Kopf ganz heiß wurde. Sie empfand jetzt nur Wut, zu allem Überfluss hatte sie nicht nur ihr Leben verloren, sondern auch noch ihre Identität. Wutentbrannt zerriss sie die Unterlagen. Sie schlug um sich und, da sie glaubte, allein zu sein, schrie sie sich ihre Qual aus der Seele: »So ein Mist, diese Idioten und jetzt soll ich auch noch einen Vater haben? Ich will sofort nach Hause!« Sie stand wohl unter Beobachtung, denn bald würde jemand hereinkommen, sie hörte schon von Weitem das schwere und laute Stampfen, das in den Gängen hallte, und ahnte schon, dass dies nichts Gutes versprach. Ohne ein Wort wurden ihr die Hände mit Handschellen am Rücken fixiert. Sie schlug und trat und schrie vergebens, erst eine Stunde später, als sie sich beruhigt hatte, wurde sie davon befreit. Eine Meile vor der Bucht von San Francisco war die Insel mit dem Wachturm gut zu erkennen. Dort warfen sie den Anker. Agathe wurde mit einem Auto abgeholt, das sich an einer Straße mit flachen und mehrstöckigen Gebäuden vorbeischlängelte, bis es schließlich an dem Hauptgebäude der Insel, dem Ex-Hochsicherheitsgefängnis der USA, auf der Insel Alcatraz, anhielt. »Denke daran, Agathe, eine Flucht von hier ist unmöglich. Das Wasser in der Bucht ist eiskalt und die Strömung bei den Felsen ist heimtückisch.«, warnte man sie.

Agathe, höchst empört, versuchte zu verstehen: »Warum sind wir hier? Das ist doch ein Hochsicherheitsgefängnis, jeder kennt seine Geschichte, Al Capone, Robert Franklin Stroud, Machine Gun Kelly und viele mehr waren hier.«

»Darum«, antwortete der Oberkommandeur barsch, nur Jim Dick schien sie mit seinem lieblichen Blick beruhigen zu wollen. Erst als sie im Büro des Gefängnisses ankamen, wurde Agathe aufgeklärt: »Das Strafmaß für Ihr Vergehen, Agathe, ist das Loch.«

»Aber Sir, was habe ich verbrochen? Ich bin eine Zivilistin.«

»Agathe, es scheint, dass Sie vergessen haben, ein Schutzprogramm unterschrieben zu haben, welches Sie zu einem Rekruten macht. Ihrer neuen Identität zu widerstreben ist Arbeitsverweigerung. Ihr Verhalten und Ihre Anpassung bestimmen die Dauer Ihres Aufenthalts hier.«

»Ja, aber – Sir …« Agathe konnte noch nur stammeln vor Entsetzten.

Das *Loch* war der Ort, wo die Finsternis herrscht, ein Raum ohne jegliche Annehmlichkeiten, einer der Schlünde von Alcatraz. Agathe schrie und winselte um Gnade, sie war bereit, ihre Identität anzunehmen, aber keiner hörte mehr zu. Allein, in der traurigen Tristesse der Einzelhaft, von Kälte umgeben, die einen erdrosselt, wenn man sich nicht bewegte, gerade dort fand sie Trost, ausgerechnet in einer Ratte. Sie zu versorgen, ihr Wärme zu schenken, zu versuchen, sie zu finden, zu erraten, was sie gerade machte, gab ihr die Kraft, sie vor Wut nicht zu töten und auch nicht zu essen.

Dann geschah ein ausgesprochenes Wunder. Nach zwei Tagen wurde Agathe ruhiger und liebenswürdiger, sodass man mehr Vertrauen gewann. Sie wurde gefügig und lernte, dass, wenn das Leben hart ist, du härter sein musst. Die erste Woche war vorbei. So geschah es, dass das Sonderkommando ihr etwas mehr Freiheiten gewährte, quasi als Belohnung, denn sie hatte die neue Identität angenommen und die Daten auswendig gelernt. In ihrer Freizeit tauchte sie in der Bücherei unter, wo sie besonders am Wochenende stundenlang mit Lesen verbrachte. Immer wenn sie Jim Dick sah, fühlte sie sich gut, es war wie eine Flut von neuen Gefühlen, die sie früher nicht gekannt hatte, auch wenn sie kaum miteinander sprachen. Die Augen sind das Fenster zur Seele und Jim besaß die Gabe, mit den Augen zu reden. Zum Geburtstag fand

Agathe ein Päckchen unter dem Kissen, eingewickelt in buntes Papier war ein Zettel.

Alles Gute zum Geburtstag Agathe, die Farbe passt gut zu deiner Augenfarbe,
Jim.

Da waren zwei Ohrringe mit zwei winzigen blauen Steinen in der Mitte. Agathe war zu Tränen gerührt, sie selbst hatte ihren Geburtstag bereits vergessen. Eines Morgens beim Frühstück drückte Jim Agathe einen Zettel in die Hand: »Gehe jetzt zu den Toiletten, da bist du unbewacht«, sagte er leise und kurz angebunden. Unauffällig verließ diese den Raum. Dann las sie den Zettel.

Sie haben vor, dich nach Mexiko zu verlegen, das ist ein heißes Pflaster, nimm dich in Acht vor El Toro. Sollte dies nicht gelingen, sind hier Geheiminformationen, die dir das Leben retten könnten. Wenn du ihn gelesen hast, iss diesen Brief sofort. Deine Ohrringe sehen großartig aus.
In Liebe, Jim.

Ein Militärhubschrauber brachte sie nach Mexiko, auf einem mit Ziegen beladenen Jeep fuhren sie dann in Richtung eines Dorfes mit dem Namen *Desperado.* Mit spärlichen Kenntnissen über Sprache und Gebräuche wusste Agathe, dass sie sehr vorsichtig sein musste. Es lag Spannung in der Luft, Agathe schien, als wäre alles verstummt, bloß ihr Herz hämmerte laut. Die Sonne stand schon hoch am Himmel, und obwohl sie einen Hut trug, spürte Agathe die unerträgliche Hitze. Ein Schatten, riesenhaft und schnell, lenkte Agathes Gedanken ab, es war ein Kondor. Der Kondor flog anmutig mit weit gespreizten, etwas nach oben gebogenen Schwingen, wie die Tragflächen eines Flugzeugs. Diese träumerische Ekstase wurde abrupt von seinem schauderhaften Kreischen zerstört, welches die schwingende heiße Luft zum Gurgeln brachte, und zu Agathes Schreck kamen immer mehr. Relativ schnell war es schon eine ganze Horde, und sie wirkten so, als ob sie wüssten, was als Nächstes geschieht.

»Das ist nur die Hygieneinspektion«, flüsterte der Offizier, der Agathes Entsetzen bemerkt hatte und dabei amüsiert schmunzelte. Zunächst begegneten sie einer Gruppe Einheimischer, es war wohl Markttag und bei der Hitze war die Kundschaft spärlich. »Zu dieser Tageszeit hält man die Siesta, die Hitze ist tödlich«, sagte der Offizier. Dort machten sie erst mal Rast. Der Jeep-Fahrer nutzte die Pause, um den Kühler zu prüfen, auch der Auspuff war etwas locker geworden »Diese Straße«, knurrte er zwischen den Zähnen.

Die Frauen trugen mehrere Röcke übereinander, auf den Schultern hatten sie einen breiten Schal aus dem gleichen Stoff, wie der der Röcke, alles in Neonfarben, stechendes Rot und Erbsengrün. Männer wie Frauen trugen die Haare mit einem Scheitel in der Mitte. Die Männer hatten die Haare zu einem

Pferdeschwanz gebunden, die Frauen dagegen trugen zwei lange Zöpfe. Alle trugen eine gestrickte Kappe mit plüschiger Spitze und mit Maya-Motiven verziert. Agathe war überwältigt von ihrer Bescheidenheit und Traditionsverbundenheit. An einem Stand wurde nur Stoff in großen Rollen verkauft, vorwiegend in Rot. Am Nebenstand trug eine Frau den Säugling im Beutel gebunden quer über das Oberteil. Sie boten außerdem Keramik, die genauso wie die Holzplatten mit Maya-Motiven und geometrischen Mustern verarbeitet waren. Agathe kaufte sich eine Stoffpuppe mit Kind, sie hatte auch so eine, als sie noch klein war. Sie hatte viel lieber mit selbst gebastelten Puppen gespielt, »sie haben mehr Charakter«, pflegte die Mutter zu sagen. Wieder unterwegs bekam Agathe noch die letzten Anweisungen von dem Offizier, der als Bauer getarnt war und mit den Ziegen neben Agathe auf der Ladefläche des Jeeps saß: »Du bist hier nur die Englischlehrerin, bist eine Vertretung, mach deinen Job gut und bald ist alles vorbei. Denke an die Geheimhaltung, wiederhole deine Identitätsdaten.«

Sie wusste ihre Daten auswendig und wiederholte sie mit voller Überzeugung.

»Das alles muss dir in Fleisch und Blut übergehen, zu jeder Tages- und Nachtzeit musst du wie aus der Pistole geschossen deine Daten auswendig wissen«, sprach der Offizier mit Bestimmtheit, während Agathe ihn wie elektrisiert bejahend ansah. Das alles hatte Agathe viel Überwindung gekostet, und es wiederholend versuchte sie, natürlicher zu klingen: »Mein Name ist Duclair Annemarie ...«. Mit einem Klopfen an der Ladefläche blieb der Jeep stehen und die Offiziere verabschiedeten sich voneinander mit den Worten »Gracias y adiós«. Zurück blieb die verstörte Agathe, die Bange um ihre Zukunft hatte. Der holprige Weg ließ sie und die Ziegen immer gefährlich wanken, sie hatte sich noch während der Fahrt geschworen, nie wieder so zu fahren. Agathe fühlte eine innerliche Leere, es war eine Weile her, dass sie Spanisch gelernt hatte. Sie wünschte sich sehr, frei wie der Kondor zu sein, in den Himmel der Glückseligkeit, nach Hause zu segeln. Diese Nacht schlief sie in einem Hotel entlang der staubigen holprigen Straße.

Miguel Pedro Garcia Gómez

Schon früh um neun Uhr ging ich an dem Montag zum Polizeipräsidium, es war wichtig, bevor sie mir zuvorkamen, ich hatte Stress und die Zeit lief mir davon. Schon am Eingang begegnete ich zwei Polizeibeamten, völlig entspannt, die warmen Sonnenstrahlen genießend. Sie standen am Treppengeländer des Präsidiums und genossen die kurze Pause, selbst der Qualm aus ihren Mündern wurde in perfekten Kreisen ausgeblasen. Mir war ganz anders zumute, denn ihr Anblick allein ließ einem einen kalten Schauer über den Rücken laufen. Es sah so aus, als würde das auf Gegenseitigkeit beruhen, da ihre Gesichtszüge schon im Vorbeigehen härter wurden. »Guten Morgen, Señor. Ich möchte mit dem Oberkommissar sprechen.«

»Und, was haben Sie ausgefressen?«

»Es ist wichtig, ich kann mich nur ihm anvertrauen.«

»Mal sehen, was ich für Sie machen kann. Ihren Namen, bitte.«

»Mein Name ist Miguel Pedro Garcia Gómez. Sie werden ihn in den Akten nicht finden, wir haben ein Geschäft um die Ecke, bis jetzt habe ich nichts ausgefressen.«

»Bloß nicht zu frech, Bürschchen. Das sagt jeder.«

Nach einer Weile des Suchens im Computer ging der Beamte in den Nebenraum: »Einen Augenblick, bitte«, rief er dann aus dem Flur. Als er wieder zurückkam, schaute er mich grimmig an: »Sie haben Glück, der Kommissar persönlich ist da, und er ist sehr begierig, Sie anzuhören.«

Ich saß nun in einem schäbigen Raum, die Wände hätten einen frischen Putz gut vertragen. Überall, wo die Augen hinsahen, lag Staub. ›Himmel‹, dachte ich, ›eine Putzfrau wäre hier wirklich nötig‹. In einer Ecke stritten sich zwei Spinnen, ich schaute begierig zu und ergriff Partei für die Große, die sind meistens die Gewinner. Von einem kleinen Fenster hing ein Sonnenstrahl wie ein Spinnfaden zur Wand gegenüber. Dort war das Bild des Präsidenten so selbstbewusst und so scheinheilig unschuldig und selbstverhehrrlichend. Ich war noch tief in Gedanken, als ein Mann um die vierzig, stark beleibt und kahl, mit selbstgefälligem Machogetue hereintrat. Mit weit auseinandergestellten Beinen stand er vor mir. Mir war sofort unwohl. Was, wenn er einer von ihnen war? Er ließ sich auf den Stuhl sacken: »Setzen Sie sich, Herr Miguel Pedro Gómez, womit kann ich Ihnen dienen?« Dabei versuchte er, seine schmutzigen Fingernägel von Erdresten zu befreien. »Sie haben sicherlich nichts dagegen, wenn ich unser Gespräch aufnehme und ein Beamter dabei ist?«, sagte er.

›Als ob ich eine Wahl hätte‹, dachte ich und versuchte, cool zu bleiben.

»Ist in Ordnung, Señor«, sagte ich, während mir mein Herz tief in den Magen rutschte und das innere Beben stärker wurde. Diesen Ort hatte ich schon immer gemieden. Meine Mutter pflegte immer zu sagen, wer sich nichts zuschulden kommen lässt, braucht keine Angst zu haben. Irgendwie war ich trotzdem abgeneigt. Der Oberkommissar schaute mich erwartungsvoll an und erregt spielte er schon mit den Handschellen. Mir war klar, so frei wie ich gekommen bin, würde ich diesen Ort nicht mehr verlassen, für einen, der bereits alles verloren hatte, war das auch ein Weitergehen.

So fasste ich meinen ganzen Mut zusammen und begann zu sprechen: »Am neunten Mai fuhr mein Vater die Straße entlang, als Geisterfahrer und außerdem war er betrunken am Steuer. Er kam von einem Kundenbesuch zurück, hatte zu viel Tequila getrunken und fuhr in die falsche Richtung. Bei der erhöhten Geschwindigkeit war er nicht in der Lage, schnell zu bremsen, als plötzlich ein langsam fahrendes Fahrzeug seinen Weg versperrte. Sie streiften sich aber nur. Mein Vater kam mit einer Schramme davon, das andere Fahrzeug aber wurde von der Bahn gegen eine Straßenlaterne gedrängt, wo es zu erheblichen Schäden kam. Der arme Teufel des beschädigten Unfallfahrzeuges war eine Frau.«

»Señor Garcia Gómez, wir haben nichts mit Verkehrsunfällen zu tun, Sie sind hier falsch.«

»Einen Augenblick, ich bin nicht fertig. Bitte lassen Sie mich ausreden. Die Frau wurde ins Krankenhaus gebracht und musste später operiert werden, zu Hause warteten zwei Kinder auf sie.«

Es fiel mir nun schwerer. Diesen Teil hätte ich lieber ausgelassen, es könnte mich Hals und Kragen kosten.

»In kurzer Zeit sammelten sich am Unfallort viele

Gaffer und waren damit beschäftigt, ein Video aufzunehmen. Die verunglückte Frau bat zumindest um einen Krankenwagen, der nach langen Diskussionen, bei denen viel Zeit verstrich, doch gerufen wurde. Das Pech bei dieser Geschichte war, dass ...«

Mittendrin wurde ich unterbrochen »Woher wissen Sie so genau die Einzelheiten? Señor Gómez.«

»Ich war der Beifahrer meines Vaters. Ich hatte versucht, das Auto selbst zu fahren. Da ich noch minderjährig war, wollte mein Vater nicht. Also, diese Frau hatte ein fotografisches Gedächtnis, nach ein paar Wochen, nachdem sie auf die Beine gekommen war, ging sie los, den Unfallverursacher finden, den sie als Porträt skizziert mit sich trug. Sie hatte kein Vertrauen zur Polizei, obwohl ihr zugesichert wurde, dass nach ihm gesucht wurde.«

Ich hatte kaum ausgesprochen, als der Oberkommissar abrupt aufstand und mich am Kragen packte, er quetschte mich hoch an die Wand, als wollte er mich erwürgen, meine Beine baumelten in der Luft.

»Sie wollen behaupten, dass wir korrupt und nicht vertrauenswürdig sind? Ist das so?« Mein Herz klopfte wie wahnsinnig, kalter Schweiß rann mir den Rücken hinunter, meine Stimme wurde zu einem Flüstern.

»Nein, Señor, ich erzähle nur, was ich gesehen habe.« Der Oberkommissar ließ mich fallen. »Wie heißt Ihr Vater? Vielleicht ist er hier aufgenommen worden.«

Meine Stimme wurde zu einem Flüstern wie der Hauch des Windes auf den Baumwipfeln.

»Lauter mein Herr, ich habe Sie nicht verstanden,

oder haben Sie etwas zu verbergen?«, schrie der Kommissar. Die Wände vibrierten, als seine Fäuste auf den Tisch schlugen.

»Mein Vater ist Mateo Jesús Hérnandez Gómez«, brachte ich hervor.

Darauf folgte eine kurze Pause und der andere Beamte brachte mir ein Glas Wasser. Ich aber wollte eigentlich ich gar nichts davon trinken, wer weiß, vielleicht hatten sie letztlich das Wasser doch mit Wahrheitstropfen angereichert. Der Beamte schaute mich herausfordernd an und runzelte seine Stirn. »Was ist? Trauen Sie uns nicht?«

Polternd kam der Kommissar herein und schloss die Tür hinter sich. Sein Gesichtsausdruck war verändert, er strahlte einen Hauch von Güte und Mitleid aus.

»Nach dem Selbstmord Ihres Vaters und dem Verschwinden seiner Tochter haben wir im Haus Drogen gefunden, er war wohl nicht sauber. Okay, fahren Sie fort.« Tief nach Luft schnappend brüllte ich vorwurfsvoll: »Das ist nicht wahr, er war ein ehrlicher Mann und hat immer fleißig gearbeitet. Dieser Orotle steckt dahinter!« Ich war zu laut geworden, der Blick des Oberkommissars war eiskalt und spitz, schneidend wie ein Pfeil, der ein Herz trifft, während die Handschellen zwischen seinen Fingern klimperten. Der andere Beamte wurde grimmiger, da beruhigte ich mich.

»Die Frau konfrontierte nun jeden mit dem Bild. Man zeigte schon auf meinen Vater. Es ging um unseren Ruf, unser Geschäft, mein Vater geriet in Panik. Die Führung unseres Geschäfts hatte unser Leben geprägt, seit dem Tod der Mutter war es unser Ein und Alles. Die Kundschaft wäre ausgeblieben …«

»Fassen Sie sich kurz, wenn ich bitten darf.«

»Mein Vater holte sich ausgerechnet von Orotle Mendosa Hilfe.«

»Kennen wir ihn? Wie sieht er aus?«

»Er ist ein Mexikaner. Mitte vierzig, von auffallend großem Körperbau und er ist muskulös, immer schick angezogen, trägt gern einen weißen Sombrero und hat einen Ziegenbart, er raucht immer Zigarre.«

»Diese Beschreibung passt schon zu vielen Mexikanern, das sagt nicht viel. Was war mit ihm?«

»Dieser Señor Mendosa besorgte meinem Vater einen guten Anwalt. Der Rechtsanwalt der Frau wagte, die Forderung nach Schmerzensgeld zu stellen. Der Anwalt meines Vaters zerschlug das in der Luft. Er appellierte an ein uraltes Verkehrsrecht, in dem es hieß: ›… ein Autofahrer, der rein zufällig etwas in der Mitte fährt, ist in keiner Weise schuldig, wenn der andere einen Schreck bekommt und selbst das Fahrzeug nicht in Griff hat. Folglich ist der andere Fahrzeugführer der Hauptschuldige, und zwar hundert Prozent.‹ Damit war die Geschichte geklärt und der Fall abgeschlossen. Von nun an war der Herr Mendosa oft bei uns, und er forderte immer mehr. Der Señor Mendosa hatte ein Auge auf Ximena geworfen, meine kleine Schwester, sie war erst sechzehn Jahre alt und seit dem Tod der Mutter hatte sie die Führung der Familie übernommen. Sie war mit López Pérez Hérnandez Martinez verlobt, sie schwärmte davon, ihn später zu heiraten.«

Ein plötzliches Schluchzen ergriff mich und eine Weile war ich unfähig weiterzusprechen, dann fuhr ich fort.

»Señor Mendosa versprach mir eine lukrativere Ausbildung mit Jobaussicht, so zog ich in die Stadt. Dort im *Hotel H... sieben* betreute ich seine Lagerhalle unter dem Keller. Natürlich war es für Außenstehende nur ein Kommen und Gehen von Vans, die saubere Wäsche gegen schmutzige tauschten. Während ich mich mit dem Beladen und dem Einräumen abplagte, den Bestand sicherte und eintrug, sowie neue Termine vereinbaren sollte, Kontakt aufnahm, und auf die höchste Verschwiegenheit der Crew achtete, litt meine Familie mächtig darunter, dass sie auf mich verzichten musste.«

Hier machte ich eine Pause, ich konnte nicht erzählen, wie ich gelitten hatte, von der Trennung von meiner Familie, und vor allem, dass keine Verbindung möglich war, während ich Überstunden ohne Ende machte. Ich trank einen Schluck Wasser und fuhr fort.

»Eines Abends rief mich meine kleine Schwester an, ihre Stimme war verzehrt und sie schluchzte heftig dabei. Erst als sie sich beruhigt hatte, erzählte sie mir von den Höllenqualen, die sie durchmachen musste. Zuerst wurde López Pérez Hérnandez Martinez von einem fahrenden Fahrzeug auf der Straße am helllichten Tag erschossen.«

»Ja, daran erinnere mich, keine Zeugen, sonst nichts Auffälliges, der Junge hatte keine Feinde. Das ist hier gang und gäbe«, sagte der Oberkommissar mit Anteilnahme, was mich ein wenig verwirrte.

»Ximena musste nun Señor Mendosa gefällig sein, es dauerte nicht lange und er wurde ihr überdrüssig. Der Vater hatte sich in jener Nacht im Keller aufgehängt und Ximena wurde ins Bordell gezwungen, unter strenger Bewachung, sich zu bewähren. Ihr gelang die Flucht. Nach ihrem Anruf eilte ich nach Hause, dort erfuhr ich, dass Ximena sich von der Brücke gestürzt hatte und ertrank. In ihrem Versteck fand ich ihr Tagebuch.«

Zitternd brach ich erneut in Tränen aus. Die Beamten verließen den Raum.

»Señor Gómez, wir sind lange schon hinter diesem Gangster her, er verbirgt sich hinter vielen Namen, aber die Beschreibung ist immer identisch. Was wissen Sie noch?«

Kalter Schweiß lief mir den Rücken hinunter: »Señor Oberkommissar, wenn ich das noch verrate, bin ich ein toter Mann.«

»Sie brauchen sich nicht zu fürchten, wir werden Sie ins Schutzprogramm aufnehmen, wenn Sie bereit sind, uns weiterzuhelfen. Jede Information ist ausschlaggebend, Sie wollen Ihre Rache, wir unseren Mann. Außerdem, Sie sind bereits ein toter Mann, jemand hat Sie beschattet, da – der Mann an der Bushaltestelle. Seit Sie hier sind, sitzt er dort unauffällig. Vom nervösen Zittern in der Tasche würde ich sagen, dass er eine Pistole hat, bereit abzufeuern, sobald Sie dieses Gebäude verlassen.«

Ich schaute verstohlen durch den Schlitz der Gardine. Kreideweiß wandte ich mich dem Kommissar zu: »Den kenne ich nicht. Ok … Am siebzehnten Juli wird ein Container mit einer Lieferung Kakao aus der Elfenbeinküste eintreffen …«

Aji

Nach Agathes Abreise dauerte es einige Tage, ehe Aji bemerkte, dass ihr Haus bewacht wurde. Auch in der Stadt hatte Agathes Verschwinden Wellen geschlagen, die sich aber schnell beruhigten. Im Grunde hatte jeder seine eigenen Sorgen und die der anderen waren nur ein Geschwätz wert. Aji ging zu seinem Lieblingslokal *Il Gufo* und trank wie gewöhnlich einen über den Durst. Er wirkte niedergeschlagen.

»Was ist Aji, schmeckt dir dein Bier heute nicht?«, fragte ihn Alice, die Bedienung.

»Ach, weißt du, ich vermisse die blöde Kuh von Agathe, das kann man nicht fassen, findest du nicht?«

»Na ja, sie hat für dich gesorgt. Oh, ich muss weiter, ein neuer Kunde, Kopf hoch, Aji. Bestimmt gibt es eine Erklärung. Ich denke auch, dass das mit dem Satz von damals zusammenhängt, weißt du noch?« Mit tiefer bedrohlicher Bassstimme sagte sie dann: »Ich werde sie töten müssen, dann bin ich der einzige universelle Erbe.«

»Ach, Alice, lass gut sein.«

»Guten Abend die Herren, was kann ich euch anbieten?«, begrüßte Alice schon ihre neuen Gäste. Ivan, ein Kumpel Ajis, klopfte an die Glaswand und erwiderte den Gruß ersichtlich erfreut.

»Hallo, Aji, wieder hier heute Abend? Nachher gehen wir zu Lu, er hat bestimmt was zu Essen für uns.

Offensichtlich hast du wieder zu viel getrunken, lass uns eher gehen, sonst ist das ganze Geld wieder weg.«

»Aber ein Gläschen trinke ich noch, Bedienung …«

Bei Lu angekommen, fiel auch ihm Ajis Geisteswandel auf, er wirkte müde, traurig, irgendwie wunderlich. »Was ist Aji, schmecken dir die Spaghetti heute nicht?«

»Das schon, nur …«

»Und glaubst du die Geschichte, dass die Bullen Agathe beschützen?« Selbst Ivan konnte sich nicht ausmalen, was das Sonderkommando dort zu suchen hatte. »Egal, wie Aji, morgen, wenn wir den Müll abladen, fragen wir mal«, sagte er. Das gefiel Aji sehr gut, und schon aß er mit Appetit und Zuversicht. Am nächsten Tag, als Ivan und Aji mit dem Müllwagen bei Agathes Haus eintrafen, waren schon die Tonnen vor dem Tor, und die Beamten waren beim Frühstück. In der Dienstzeit war Aji ordnungsgemäß angezogen und trug eine Kappe, die seine wilden Haare verbarg. Ausgerechnet heute trugen die beiden die leeren Tonnen durch das Tor. »Aber nein, das ist nicht notwendig, das machen wir schon«, sagten die neuen Rekruten, denn die anderen hätten sie schon eher gestoppt. Aji war aber schon im Hof, das Gefühl des vollkommenen Glücks überkam ihn, die Erinnerungen, die ihn mit diesem Ort verbanden, waren paradiesisch und er bekam die Diskussion am Tor nicht mit, die Ivan bewältigen musste. In dieser Einsamkeit fand er die tiefe Gemütsruhe und den Frieden seines Herzens. Dann beäugte er einige Plakate, mit Schutzfolie umhüllt, dort war sein Bild mit wilden Haaren und Dreitagebart. Panik überkam Aji und ein Kloß schnürte seine Kehle zu, als er las: *Aji, achtgeben*. Ivans starke Hand packte Aji: »Komm lass uns gehen«. Plötzlich schwieg auch Ivan. »Hammer Aji«, sagte Ivan mit piepsiger Stimme. Resolut nahm ein Officer die Tonne: »Sie haben hier im Hof nichts zu suchen«, befahl er.

»Ach Officer«, fragte Ivan nebenbei flüchtig und merkte, wie der junge Beamte sich vor Stolz über so viel Erkenntnis seiner Würdenträgerfunktion aufbäumte. »Was ist aus der Lehrerin geworden, die hier gelebt hat? In der Stadt munkelt man, dass dieser Aji sie umgebracht hat.«

»Ach, wissen Sie«, sagte er beifällig und plötzlich leiser, »die Agathe, meinen Sie. Ja, sie musste weg, ihr Cousin wollte sie umbringen, so ein Schuft.«

»Geht es ihr gut? Wissen Sie, Sir, wir kannten sie gut, oft hat sie uns auch etwas zu trinken angeboten, alle machen sich Sorgen, sie hat sich nicht mal verabschiedet. Die Kinder in der Schule vermissen sie auch sehr.«

»Viel wissen wir nicht, aber der da ist schuldig«, meinte der Officer zeigte auf die Plakate. Aji wurde knallrot vor Zorn und versuchte krampfhaft, sich zu beherrschen, während er in leicht eine geduckte Haltung schrumpfte.

»James, tratsche nicht mit den Zivilisten, wir haben zu tun, ab nach oben.«

»Aye, aye, Sir«, dann leise noch: »Wir passen auf, dass der hier nicht aufkreuzt, sonst ist er fällig, schönen Tag noch.«

»Ihnen auch, Officer.«

Die Müllmänner gingen und Aji war außer sich vor Wut, während Ivan alle Hände voll zu tun hatte, sich freundlich zu verabschieden. An den Müllwagen geklammert schrie Aji Unverständliches, was von dem Lärm der Stadt verschluckt wurde. An diesem Abend wurde in dem Lokal *Il Gufo* viel diskutiert.

»Ich habe dir gesagt, dass es deswegen war. Armer Aji, jetzt hast du Agathes Glück auf dem Gewissen«, sagte der Wirt, der zur Aufmunterung noch Bier spendierte. Diese Nacht kam Aji später nach Hause als sonst, im Briefkasten lagen sieben Briefe. Er hatte so einen Rausch, dass er sofort einschlief. Am nächsten Morgen erwachte er mit einem bitteren Geschmack im Mund, daran war er gewöhnt, und auch, dass er noch Straßenklamotten und Schuhe trug. Nach einem starken Kaffee las er die Briefe, zwei davon waren Mahnungen. Er war mit der Zahlung der Miete in Rückstand geraten und er hatte eine Schonfrist von zwei Wochen erhalten. Das andere Schreiben war eine Mahnung der Stromgesellschaft, mit der Warnung, dass, würde er innerhalb einer Woche den Strom nicht zahlen, dieser abgestellt wird. Aji verschluckte sich und musste fürchterlich husten.

»Verdammt, wo ist Agathe, wenn ich sie brauche«, murmelte er. Die Morgendämmerung glänzte in rotgelber Aura, und ihre stechende Helligkeit war so auffällig, dass Aji hinschauen musste. »Himmel!«, schrie Aji. »Der Himmel brennt!« Der ganze Himmel sah aus, als würden riesenhafte Flammen am Himmelszelt ringelnd jeden Zwischenraum belegen, was das Bild der Apokalypse näherbrachte. Stöhnend schaute

Aji verzweifelt auf. Das Bild von Großvater mit dem Schiff am Fenster lächelte ihn an, es war wie das Antlitz Gottes zu betrachten, das Hoffnung und Erlösung verspricht. Es war schon eine Weile her, dass er dessen Grab gepflegt hatte. Kurz vor dem Ausgehen dachte er noch ›Dieses Wochenende nehme ich mir aber die Zeit, gleich vormittags mit Ivan, ich werde ihn fragen.‹

Die Nacht zum Samstag zog sich sehr lange, Ajis Herz schmerzte so sehr. Er erinnerte sich daran, wie oft er seit Agathes Verschwindens auf der Straße schlenderte, und fast jede Frau angaffen musste, weil er in ihr Agathe sah, und wie oft er Fingerspuren im Gesicht davongetragen hatte. Wie sollte er das überstehen, wenn er wegen der Stromrechnung schon so viel bezahlen musste? Was war mit dem Trinken im Lokal? Er bedauerte sehr, was er gesagt hatte, und war der Meinung, die anderen hätten es falsch gedeutet. Er hätte der lieben Agathe, die sich um seine Rechnungen kümmerte, nie etwas getan. Am Freitagabend kurz vor Feierabend unterhielt sich Ivan mit dem Chef.

»Na Ivan, bald ist Wochenende, was hast du vor? Mal wieder mit Aji unterwegs?«

»Ja, wir haben vor, seinen Großvater am Friedhof zu besuchen. Aji ist die letzte Zeit stiller geworden, seine Schulden wachsen und jetzt will die Stromgesellschaft den Strom abdrehen, wenn er nächste Woche nicht bezahlt. Den Mietrückstand kann er nicht mehr nachholen. Der arme Teufel, ich weiß nicht, was ich machen soll. Er ist ein netter Kerl, wenn er klar ist. Agathes Verschwinden war zu hart.«

»Macht er eine Entziehungskur?«

»Nein, das Geld reicht nicht mehr aus und bald landet er in der Gosse.«

»Ich habe auch schon davon gehört, wie schlecht es Aji geht. Er sieht auch nicht gut aus. Er ist unruhiger, hat Schweißausbrüche, zittert und hat Schwächeanfälle. Ich habe ihm Urlaub gegeben, bis es ihm wieder besser geht. Ivan, ich möchte, dass du dabeibleibst, gib auf Aji acht, sein Schicksal liegt mir am Herzen. Bevor du gehst, hier habe ich die Adresse einer Anonymen Alkoholikergruppe. Da er jetzt Zeit hat, kann er auch die Therapie durchziehen, und ganz nebenbei – das wäre auch was für dich.« Ivans Missbilligung wuchs. Als hätte er es nicht bemerkt, fügte der Chef mit heiterem Ton hinzu: »Ivan, aber mit Diskretion, er soll nicht wissen, dass das von mir kommt.« Sobald Ivan das Büro verlassen hatte, rief der Chef den Bürgermeister an. Es war eine aufregende und vorwurfsvolle Diskussion. Ivan fand keine Ruhe, statt ins Lokal zu gehen, ging er am Flussufer entlang und schaute verstohlen die Landschaft an. Nach und nach fing die Stadt schon an, ihre Lichter anzumachen, welche die herankommende Nacht grüßten. Es wurde frischer. Ivan versuchte sich aufzuheitern, indem er flache Steine warf, aus Versehen streifte ein Stein den schwarzen Schwan, berühmt wegen seines jähzornigen Charakters. Dieser griff mit Geschnatter und lautem Pfeifen an, Ivan blieb nichts anderes übrig, als den Platz zu räumen.

Aji schlief schon lange nicht mehr gut, Zitteranfälle, Gliederschmerzen und ständige schlechte Laune machten ihn fertig, deswegen hatte er sogar Ivan verjagt. Diesen Samstag aber fühlte sich Aji so lebendig, von Freude erfüllt, sodass er mit Ivan zum Friedhof ging. Aji aß gut gelaunt seinen Toast zum Frühstück, als Ivan schon an der Tür klingelte.

»Komm herein mein Freund, hast du schon gefrühstückt? Bedien dich.« Unterwegs zum Friedhof war Ivan ungewöhnlich still.

»Was ist Ivan, hast du was ausgefressen?«

»Nein, ich weiß nicht, wie ich dir das sagen soll. Nicht, dass du mich anschreist.«

»Ich verspreche es dir, raus mit der Sprache, großes Indianerehrenwort.«

»Aji, wir sind keine Kinder mehr. Ich habe mich bei einer Gruppentherapie für Alkoholiker angemeldet. Montag um neunzehn Uhr ist die erste Sitzung, wenn du willst, kannst du mir Beistand leisten.«

»Hammer Ivan, ich hätte das von dir nicht erwartet. Weißt du noch, den Fisch, den wir damals geangelt haben, der war so groß.« Ajis Hand schlug auf Ivans Schulter, um dann die Hände weit auseinanderzubreiten, aber Ivan lachte nicht, wie er es sonst getan hätte. Da wurde Ajis Miene duster: »Also, das war kein Spaß? Machst du es wegen mir?«

Erst am Friedhof bemerkten die beiden, dass sie bei dem ganzen Trubel die Blumen vergessen hatten. Verdattert schaute Ivan Aji an: »Was nun?«

»Alles locker, mein Freund.«

Aji machte einen kurzen Spaziergang und siehe da,

in der Hand trug er einen hübschen Blumenstrauß, daran hing noch ein Zettel.

Liebe Grüße, deine Mutter.

Ivan musste lachen und Aji schmunzelte verlegen. Der Grabstein von Großvater war voller Blätter und verdorrtes Unkraut hatte seine Spuren hinterlassen. Wie konnte er nur. Während die beiden ganz ruhig und eifrig am Aufräumen waren, kam Aji die Szene, wo der Großvater mit Agathe am Kamin saß, in den Sinn, das schimmernde Licht vom prasselnden Feuer und ihr von Zuneigung erfülltes Gesicht, das zauberhaft von roten Flammen erhellt war.

Es war wie die Trauermelodie einer still werdenden Violine oder so, als ob die Nacht hereinbreche und das Licht erlosch. Aji brach in Tränen aus. Er bereute aus tiefster Seele sein Verhalten, das blöde Trinken, die Entzugserscheinungen, die Angst, in der Gosse zu landen und vor allem, den Großvater zu vergessen. Auch Ivan rannen ganz still Tränen die Wangen herab, Aji verstand das als Teilnahme und die beiden lagen sich in den Armen. Für sie begann eine schwierige Zeit, die finanziellen Probleme Ajis aber hatten sich plötzlich gelöst, denn der Chef hatte zugesichert, von nun an Ajis Einnahmen und Ausgaben zu regeln, bis Agathe das wieder übernehmen könnte.

Desperado

Eine Nebelbank lag über der Prärie, Schatten von Riesen, die Kakteen, standen gespenstisch in der Landschaft, an den nicht unweiten Rundungen der Hügel schimmerte es leicht rosa, Kojotengesang beschallte dominierend die erdrückende Atmosphäre. Agathe, völlig versteift, umarmte eine Ziege. Es schien, als hätten es beide nötig, denn die Ziege genoss ungeniert die ihr zuteilwerdende Zärtlichkeit. Endlich, eine Mauer umklammerte das Dorf, sein Eingang verlief durch einen hohen Bogen mit roten Dachpfannen im weißen Mauerwerk, Desperado. Der Name allein schon weckte in Agathe seltsame Gefühle, warum nannte man das Dorf Desperado? Durch das Tor fuhr der Jeep am Marktplatz vorbei, schwach beleuchtet lag dort das Dorf im Halbschlaf. Und schon wusste jeder, dass die Vertretung kommt. Eine Frau wartete auf sie: »Buenos días, Señora Duclair, ich bin Dolores ihre Ansprechpartnerin.« Agathe streckte ihr die Hand entgegen, aber Dolores küsste ihr auf die Wange und mit einem leichten Lächeln sagte sie: »Señora Duclair, Sie sehen fabelhaft aus.«

»Vielen Dank, Señora Dolores. Ich hatte so einen herzlichen Empfang nicht erwartet.« Agathe versuchte, ihr dabei nicht direkt in die Augen zu sehen, dies wird als mangelnder Respekt angesehen. Das hatte Agathe im Abschnitt Sitte und Gebräuche auswendig gelernt. Die Sonne war noch nicht zu sehen, allmählich herrschte schon rege Beschäftigung, Adlergekreische löste allmählich den Gesang der Kojoten ab, Kinder liefen umher, andere spielten mit einem Fußball, der selbst gebastelt war. Hühner liefen zwischen die Beine, während ein Kätzchen kleine Kinder unterhielt, wurde ein Hund gejagt, der ein Fladenbrot gestohlen hatte. Die Leute machten einen makellos sauberen Eindruck und Agathe erstaunte über die moderne Kleidung mit bunter Vielfalt. Die Männer trugen Sombreros, es gab sie in verschiedenen Ausführungen, Ponchos, fantasievoll bestickt, und die meisten hatten einen Schnurrbart. Viele trugen weiße Hemden mit Hosen in Kamel, Beige oder in Sandfarben, einige trugen eine Weste dazu. Die Schuhe waren aus blank poliertem Leder. Die Frauen trugen weite Röcke, unterschiedlich lang, sie gingen bis zum Knie, oder bis zu den Knöcheln, und alle waren mit Stickereien versehen. Die Blusen mit V-Ausschnitt gab es auch aus Baumwolle, bunt, einfach und mit anderen Motiven wie Schmetterlingen. Es gab eine Vielfalt an Tunikastickerei, was aber Agathe am besten gefiel, war die Bluse mit V-Ausschnitt und Schmetterlingsärmeln, von dieser Art gab es auch Kleider, eindrucksvoll schön. Agathe schien die Stickerei mehr als eine Tradition zu sein. Viele Frauen trugen ein Kopftuch, auch sehr schön in ihrer Vielfalt. Überall sah Agathe neugierige, aber auch vereinzelt bösartige Blicke. Helles Tageslicht durchflutete schon das Dorf.

»Die neue Lehrerin, buenos días, Señora Maestra«, grüßten vorbeilaufende Passanten und die Kinder, gar nicht scheu, gaben ihr sogar die Hand. »Buenos días«, wiederholte Agathe. »Das ist aber eine große Frau, magst du groß geratene Frauen?«, unterhielten sich zwei Männer am Straßenrand. »Ach, weißt du, auf die Größe kommt es nicht an, ich mag alle«, und beide mussten laut lachen. Hinter dem Gemeinschaftsbrunnen wurde ihr eine Unterkunft zur Verfügung gestellt. Am nächsten Morgen nach dem Verspeisen eines gebackenen Muffins, mit Müsli und Früchten, und einem starken Kaffee, hieß es laut Anweisung: »Neun Uhr morgens bis elf Uhr: Unterricht ...«

Durch die nicht abgeschlossene Tür, das schien hier üblich zu sein, kam Dolores: »In die Schule, buenos días, vamos vamos, die Kinder warten.«

Sie musste anziehen, was hier üblich war, der Poncho gefiel ihr sogar, mit seinen bunten Verzierungen und noch fast neu wie er war. Auch das Unterrichtsprogramm war schon vorbereitet. Agathe war mit dem Spanischen überfordert, sie hätte nie gedacht, dass sie jemals die in ihrer Schulzeit erworbenen Spanischkenntnisse brauchen würde. Das hätte ihr sowieso nicht viel gebracht, das mexikanische Spanisch unterschied sich in Wortschatz, Grammatik und der Aussprache, die von Region zu Region abweicht, dazu enthielt es viele indianische Begriffe. Die Kinder sahen sich alle irgendwie ähnlich, was sich später erklären ließ, da das Dorf nur aus zehn Großfamilien bestand. Sehr früh am Morgen zogen junge Männer mit Eseln, Ziegen und Lamas, die rote Schleifen am Ohr hängen hatten, in die näheren Gebirge, wo das Gras saftig war. Die immense Lautstärke von all jenen schien vierundzwanzig Stunden ein Dauergast zu sein. Danach gingen die jungen Burschen mit einer Karre an einen Fluss, um Wasser zu holen. Nach dem Unterricht ging Agathe zum Marktplatz einkaufen, märchenhaft pittoresk lag dort buntes Gemüse auf Laken oder Obst in Kisten. Einiges davon hatte Agathe noch nie gesehen. Es gab auch mexikanisches Brot, von Tortillas bis Wraps, Empanadas und Maisbrot mit Käse, Paprika und Zwiebel, der Duft war berauschend. Was sie am Anfang mit Händen und Füße zu erklären versuchte, wurde allmählich eine Konversation, und bald fing auch Agathe an zu feilschen. Auf dem Markt herrschte eine exotische Aura in einem Gewirr von Leuten, vor allem eine Vielfalt an Farben und Gerüchen, die die leichte Brise mit verschiedener Intensität hin und her verteilte. Die Krönung des Ganzen aber war die Einstrahlung der Sonne, welche den Sand auf dem Boden weißsilbrig erhellte und das bunte Treiben auf dem Markt hervorhob. Agathe war sehr entzückt davon, so etwas zu erleben. Die stechende Hitze brannte schon fürchterlich auf ihrer hellen Haut. Eine Schlange wagte sich ins Dorf, mit welligen Bewegungen, ohne einen Laut von sich zu geben, listig schleichend, näherte sie sich dem Stand, wo Meerschweinchen zum Verkauf standen. Agathe fiel gleich in eine Angststarre, unfähig jemanden zu warnen. Desto größer war ihr Schreck, als ein Jugendlicher der Schlange mit einer Axt kaltblütig, lautlos und haargenau den Kopf abschlug.

»Frisches Schlangenfleisch«, schrie er vor Freude. Agathe begegnete verständlichenlosen Blicken und schämte sich für ihre kindische Reaktion. »Die hat noch viel zu lernen«, erwähnten zwei Frauen, die einkaufen wollten.

Die Siesta war ein Muss, um der Mittagssonne zu entkommen, dann saßen die Männer mit Vorliebe am Straßenrand mit dem Sombrero übers Gesicht und schliefen ein. Seit Tagen schon herrschte große Aufregung und alle waren sehr aktiv. Der mexikanische Unabhängigkeitsfeiertag stand vor der Tür, es gab viel zu tun. Das Dorf zu schmücken, Spezialitäten vorzubereiten, Agathe war überall zugange und langsam lernte sie die Sitten und Bräuche der Einwohner besser kennen. Eine kleine Kapelle im spanischen Kolonialstil ragte etwas oberhalb des Marktplatzes empor. Ziemlich bald stellte Agathe fest, dass sie es mit der Religion nicht so genau nahmen. Ihre Toleranz jedem Glauben gegenüber gefiel Agathe. Starker Aberglaube prägte diese Kultur, Agathe sah viele Glücksbringer, und die Geschichten von komischen Wesen ließen ihr die Haare zu Berge stehen. Am Fenster eines Geschäftes stand ein Mann, Martin der Hühnerkämpfer, er bewunderte verträumt ein paar glänzende Stiefeln mit Sporen, das war nicht das erste Mal. Ein Blechtrommler kündigte brüllend in der Ferne ein sich nahendes Gewitter an.

»Es wäre Zeit, die Maispflanzen haben es bitter nötig«, bemerkte einer.

»Meine Zuckerrohr- und Kakaopflanzen auch«, bestätigte der andere. Der leichte Wind gewann an Kraft, bald wehte er heftiger, die Nacht brach an, der Himmel war mit schwarzen Wolken bedeckt. Dicke Tropfen prasselten gnadenlos, schwer, heftig, unverschämt laut, alle Geräusche übertönend herab, während das Heulen des Windes aus sämtlichen Schlupflöchern Nebentöne erzeugte. Es regnete ununterbrochen bis spät in den Abend, die Überschwemmung wurde von dem gierigen, mit langen Rissen bedeckten, ausgedörrten Boden mit Wonne eingesaugt. Es dauerte nicht lange und Agathe wurde Zeugin eines Wunders. Die umliegende Strauchsteppe verwandelte sich nach dem intensiven Niederschlag in eine blühende Landschaft mit üppigem Gras. Einige Kakteen blühten mit verschiedenen Variationen an Farben und Mustern, zu dieser Zeit ging Agathe mit den Frauen des Dorfes hinaus in die Steppe, um die Kakteen zu ernten.

»Aus den Feigenkakteen stellen wir Süßigkeiten her, die grünen Blätter bieten wir als Gemüse an. Im Norden des Landes wächst der berühmte Peyote Kaktus, er versetzt in einen Rauschzustand.« Agathe kam aus dem Staunen nicht heraus, so viel erfuhr sie über die Kakteen. Der Cardón Kaktus ist mit seinen zwanzig Metern der größte der Welt. Der Kandelaber Kaktus, der so groß wie eine Eiche werden kann, kann bis zweihundert Jahren alt werden und hunderte Liter Wasser speichern. In Jalisto werden Agaven kultiviert, um Schnaps zu gewinnen und Tequila zu verarbeiten. Bereits die Ureinwohner backten und rösteten die Blütenknospen. Die Agavenblätter haben einen hohen Anteil an Zucker.

Wochenlange übten die Kinder Choreografien und Tänze. Die rot-weiß-grünen Nationalflaggen schmückten die Gebäude, Girlanden wurden über die

Straßen und Plätze gespannt. Agathe hörte ein Gespräch zwischen zwei Dorfbewohnern. »Meine Eselin ist bald soweit, kommst du?«, fragte Felipe. Sal entgegnete hilfsbereit und aufgeregt: »Ok, amigo, bis bald«, und schon hatte Sal Augenkontakt mit einem anderen Mann in feinem Anzug aufgenommen, der rasch ins Lokal huschte, und wie bei einer stillen Vereinbarung folgte er ihm hinein. Agathe hatte oft schon ein Mal etwas Ähnliches beobachtet, dieses Mal aber wollte sie wissen, was da vor sich ging. Schon an der Schwelle zum Lokal wurde sie von fragenden Blicken durchbohrt, die an ihrem Gewissen nagten. In der dunklen, überfüllten, stinkenden Spelunke herrschten rege Gespräche, die bald verstummten, als die Männer sie erblickten.

»Was haben sie hier zu suchen, Señora? Jeder weiß, dass anständige Frauen hier nichts zu suchen haben«, rief der Wirt. Sie sah Sal in der Ecke, Tequila und Bier trinkend, aber Agathe sah noch viel mehr und hörte auch den Namen »El Toro«, vor dem schien jeder hier großen Respekt zu haben.

Die Sonne hing am wolkenlosen Himmel und die Hitze war schon unerträglich, Martin saß um die Ecke eines Hauses direkt gegenüber einer Bank mit dem Sombrero über den Kopf. Er lag heute irgendwie unnatürlich dort, als Agathe aus Versehen auf seinen Fuß trat, fühlte er sich weich an und Martin gab keinen Ton von sich. Agathe fuhr mit einer Gruppe Frauen an den Strand, der nur eine dreiviertel Stunde mit dem Jeep entfernt war, um die letzten Vorkehrungen für die Feier am fünfzehnten und sechzehnten September zu treffen. Es war ein herrlicher Tag, Agathe hatte sich lange nicht so gut gefühlt, selbst in der schwachen Septembersonne spürte Agathe die lauwarme Brise wie eine zarte Hand über ihr Gesicht streichen. Unter ihren Füßen knackte der Sand sanft und angenehm warm und ein tiefes Seufzen verließ Agathe Brust. »Agathe, du sollst auch ein Tuch tragen, es ist durchaus bequem, dann würden deine Haare nicht immer so wild herumflattern«, riet Dolores. Agathe aber war plötzlich still, selbst Dolores spürte es und sah den Ausdruck in ihren Augen. Aus heiterem Himmel dachte Agathe an Opa, die Mutter und Aji, bittere Tränen liefen ihr die Wangen hinunter. Dolores umarmte sie innig und Agathe legte ihren Kopf auf ihre Schulter, sie sprachen nicht, sie dachten nicht, sie sahen nicht, das alles tat der Wind für sie. Erst als der Sand durch ihre Finger rieselte, spürte Agathe eine Erleichterung, als ob damit all ihre Sorgen und ihr Hass weggeflossen seien und nun empfand sie für Aji Gutherzigkeit.

Fischerboote kamen gerade zurück, als sie den Weg nach Hause fuhren, am Gemeinschaftsbrunnen stritten sich zwei Frauen sehr aufgeregt: »Jeder darf nicht mehr als einen Eimer Wasser holen, das weißt du! Brauchst du mehr, dann geh zum Fluss«, motzte Juana, eine Frau aus dem Dorf, eine andere an.

»Was um Himmels willen tust du da?«, schrie die andere. Juana hatte den Eimer durchlöchert, nun war der Eimer unbrauchbar.

Beim Aussteigen aus dem Jeep wurden sie von einigen Leuten umkreist, alle waren sehr aufgebracht: »In der Bank wurde heute eingebrochen, gerade in der Siesta.« Natürlich tappte die Polizei im Dunkeln und es war auch klar, dass die Sache schnell vergessen sein würde.

In der Schule bei der Geschichtsstunde erfuhr Agathe rege Beteiligung, dabei erlebte sie die tiefe Trauer der Schüler über die schon lange verlorenen Territorien und den Heldentod der jungen Kadetten, die im amerikanisch-mexikanischen Krieg im Jahr 1846–1848 gegen die erfahrenen US-Soldaten keine Chance hatten. Agathe spürte, wie der Selbstbestimmungsdrang die Mexikaner auch aktuell noch verband. Wie damals bei dem Reformationskrieg im Jahr 1857–1861, als jeder finanzielle Verluste einbüßen musste, die es aber wert waren, da die katholische Kirche in die Schranken gewiesen wurde und territoriale Besitztümer, die noch aus der Kolonialzeit stammten, verstaatlicht wurden. Es war auch ihr Freiheitsgeist, der das Nein zur Herrschaft der Franzosen mit Maximilian I., dem Bruder von Franz Joseph I. von Österreich, zum Ausdruck brachte. Agathe empfand tiefe Verbundenheit mit ihnen und vergaß, dass sie selbst Amerikanerin war.

Manolo begab sich zum Lokal und fing an, auf der Gitarre zu zupfen, er war der Musiker des Dorfes. Im Lokal wurde allerlei angeboten, von einem Billardtisch über Kaffee, Bier, Tequila, bis zu etwas Warmen zum Essen. Im Hintergrund liefen leise, fast erstickt von der Lautstärke in Raum, Nachrichten abgewechselt von Musik im Radio. Es wurde viel gequalmt, viele Ecke versanken im Dunklen, es gab neugierige, gelangweilte und nichtssagende Blicke.

Ein paar Tage später fiel Agathe auf, dass Martin plötzlich einen gewissen Wohlstand errungen hatte, obwohl er und seine sechsköpfige Familie sich nur von Hühnerhaltung und Hühnerkämpfen über Wasser hielten. Die Kinder trugen nun auch hübschere Kleider, er selbst trug glänzende Stiefel mit Sporen, die er sich schon immer gewünscht hatte. Wenn die Leute fragten, erzählte er, dass er in der Stadt einen Hahnkampf gewonnen hätte. Agathe hatte ihn aber mit El Toro beobachtet, wie die beiden um die Ecke gebogen waren. Der Herr mit dem feinen Anzug, er war immer da, wenn etwas krumm lief. El Toro war ein gut aussehender Mann Mitte vierzig, sein Körperbau war auffallend groß und muskulös. So sehr seine exotische Schönheit ihn zeichnete, so war er ein Meister in List und Hinterhalt, er scheute vor nichts zurück, auf ihm lasteten viele Verbrechen, die leider keiner nachweisen konnte. Selbst die Blicke aus seinen süßen kleinen Augen waren zum Fürchten. Zufällig kreuzten sich Agathes und El Toros Blicke, etwas Herausforderndes lag in der Luft, Agathe hatte plötzlich Gänsehaut. Es war der vierzehnte September.

»Manolo, vamos, um dreiundzwanzig Uhr ist es soweit, unterhalte die Gäste solange.« Manolo spielte mit der Gitarre wunderbare Lieder. Seine Lieblingsstücke waren aber *El Condor Pasa* und *Der einsame Hirte*, die er mit der Flöte spielte. Es war beeindruckend zu sehen, wie alle mitsangen und einige hatten mit den Tränen zu kämpfen.

Kurz vor dreiundzwanzig Uhr war es im Lokal still, nur der Fernseher lief, der Präsident sprach, dann: »Viva México, viva la Independencia!« Allesamt entgegneten dann wieder: »Viva México!« Agathe erlebte mit, wie stark der Nationalstolz war, gefühlvoll wurde die Nationalhymne gesungen, die Kinder trugen die Nationaltracht oder waren als Unabhängigkeitskämpfer verkleidet. Darunter waren Kostüme von Emiliano Zapata, Pancho Villa oder Pascual Orozco, solche mit breiten Sombreros, Schnurrbart, weißem Hemd, schwarzen Hosen und Jackett, dazu blank polierte, schwarze Lederschuhe. Weiterhin gab es viele in weißen Latzhosen und Hemden mit quer gebundenen Bändern auf der Brust als Andeutung an die Patronenreserve der Guerillakämpfer. Straßenstände waren mit kulinarischen Köstlichkeiten bestückt, vor allem mit Tequila. Feuerwerkskörper wurden angezündet, es war eine Explosion von Farben und Mustern, die sich am Himmel abzeichneten und die weite Ebene in wechselnde Farben tauchten. Die Luft bebte gewaltig, während der Gestank und der Nebel des Feuerwerks alles überflutete, begleitet von bewunderndem Geschrei. Auf den Marktplatz wurde bis tief in die Nacht gesungen und getanzt. Agathe ließ sich auch mitreißen und war aktiv dabei, als wäre sie eine von ihnen. Am sechzehnten September fand in der Hauptstadt eine Militärparade statt, die im Fernsehen mitverfolgt wurde, in den Provinzen aber wurden Festumzüge veranstaltet. Ein Mann unterhielt sich mit dem Polizisten, einem Nachbarn: »Also heute fünfzig, in Ordnung?«

»Ja, amigo, bis morgen dann.« Ein Päckchen wechselte den Besitzer.

Agathe beobachtete den Nachthimmel, Millionen von Sternen erhellten das Dorf, Zugvögel streiften den Halbmond und schnatterten eine alte Melodie, die der Heimkehr und des Glücks. Agathes Albträume hatten kein Ende, die Sehnsucht nach ihrem Zuhause, der Schnitzerei, dem Blick auf die Stadt von ihrer Terrasse – Agathe erwachte und sogar Aji fehlte ihr plötzlich, da wurde sie unvorsichtig. Sie nahm wieder die alte Gewohnheit an, vor dem Zubettgehen einen Abendspaziergang zu machen, während an der Dorfmauer die Kojoten die Nacht über ihre Lieder sangen. Dann beobachtete Agathe die Unsitte der Einwohner, besonders wenn es dunkel wurde. Einst später am Abend, gab es eine Schlägerei. Sal und Felipe waren aneinandergeraten: »Meine Eselin hatte Zwillinge, wo ist der andere?«, schrie Felipe Sal an. Zwei Handlanger von El Toro aber hatten die Angelegenheit schon zum Schweigen gebracht, indem sie das Fohlen zurückbrachten. Die schnelle Lösung war Agathe verdächtig. Mit schwerem Nasenbluten und einem dicken blauen Auge wurde Sal geholfen nach Hause zu gehen. Agathe, von der Dunkelheit der Gasse getarnt, belauschte vor dem Fenster die Gespräche zwischen Felipe und El Toro, es ging um Waffengeschäfte und darum, dass eine Stalluntersuchung alles ans Licht gebracht hätte.

In der Schule, Mitte Oktober, wurden schon die Vorbereitungen für den »Tag der Toten« gestartet, der am ersten und zweiten November stattfinden sollte. Agathe war wieder überall zugange, sie half die Straße zu schmücken und Skelette und Schädel in verschiedenen Ausführungen anzufertigen. Die Arbeit ging bis tief in der Nacht. Eines Abends genehmigte sich Agathe noch einen erholenden Spaziergang bis zum Tor, die Luft war frisch und Agathe saugte das Gefühl der Ruhe und des Friedens ein, dann wurde das Tor wegen der Kojoten der Prärie, die schon von Weitem ihren Echogesang verbreiteten, verschlossen.

Es wurde erzählt, Pancho besitze kein Geschlecht. Er war noch ein kleines Kind gewesen, die Mutter hatte sich mit etwas anderem beschäftigt und Pancho war ohne Windeln gewesen. Ein Kojote hatte sich genähert und Pancho hatte sich über dessen Anwesenheit gefreut, also streichelte er ihn. Der Kojote aber fand das hängende Geschlecht interessanter und biss zu, offensichtlich hatte es ihm auch geschmeckt, denn die Teile wurden nie wiedergefunden. Die Mutter, alarmiert von dem Geschrei des Kindes, eilte zur Stelle. In Krankenhaus hieß es nur: »Kind gerettet, Geschlecht weg.« Als Erwachsener hatte Pancho das Dorf verlassen und das Geheimnis mitgenommen.

Eines Abends lauschte Agathe einem Gespräch zwischen El Toro und Pérez: »Ich benötige noch die Ausweise. Wie lange wird das dauern? Wie sieht es aus mit der Greencard, kannst du davon auch welche besorgen?«

»Ich benötige noch zwei Tage, was die Greencard angeht, ist es schwieriger«, antwortete Pérez.

»Aber nicht länger, meine Klienten haben es eilig, ich behalte dich im Auge.«

Plötzlich kam es zu einer Rangelei, im Dunkeln war schwer zu erkennen, wer sie überfiel. Als Agathe zu sich kam, war sie an einen Stuhl gefesselt, ihre Nase blutete und eine Platzwunde am Kopf ließ warmes Blut süßlich riechend ihre Kleider benetzen, der Schädel brummte ihr gewaltig.

»Also Annemarie Duclair, oder besser noch Agathe Schwippst, womit kann ich ihnen dienen, warum spionieren Sie mir nach?«

Das Licht brannte sehr schwach, sie kannte diese Stimme, obwohl sie nur einen Schatten wahrnehmen konnte. »Señor El Toro, ich weiß einiges über Sie, aber

ich werde schweigen. Wenn Sie mir nur entgegenkommen, werde ich ...«

El Toro zeigte Einsicht. Da Agathe unter Beobachtung war, wollte er keinen Fehler machen. »Wissen Sie, die Behörden und ich sind uns nicht sympathisch, eine Hand wäscht die andere, ich werde sehen, was ich tun kann. Ich denke an einen Plan B, sollte etwas schieflaufen, so soll Ihnen mein Ring Glaubwürdigkeit bei meinen Leuten schenken und sie werden alles zu Ihrer Zufriedenheit erledigen, zur Parade.«

Sie bekam einen Ring mit einem Stierkopf. Dieser hatte Diamanten als Augen eingesetzt, er war faszinierend, was die Feinarbeit anging, aber der Ausdruck des Stiers war grauenerregend. Bei dem Anblick allein lief Agathe ein kalter Schauer über den Rücken. »Denken Sie daran, das ist mein Eigentum, ich bekomme ihn wieder«, drohte El Toro. Erstarrt vor Überraschung und Entsetzen war Agathe verstummt. Kurz vor dem Verlassen der Hütte machte Agathe ihre Haare zurecht und ein Ohrring fiel auf den Boden der finsteren Hütte. Unauffällig wurde Agathe nach Hause begleitet. Am nächsten Tag, als sie vor Schmerz nicht in der Lage war aufzustehen, war Dolores aufgebracht.

»Ja, mir geht es gut, ich bin gestern gestürzt, ich habe die Treppe in der Dunkelheit nicht gesehen, etwas Tequila war auch mit im Spiel«, verteidigte sich Agathe. Dolores aber schaute ihr fest in die Augen, als wolle sie ihre Seele aufsaugen, und ohne sich weiter zu äußern, fixierte sie intensiv das Ohr ohne Ohrring. Agathe war bange zumute und um Ihre Panik zu verbergen, versuchte sie, Dolores Blick zu entkommen.

»Der erste Fehltritt und dir wird es schlechter ergehen, du weißt, Diskretion ist alles.«

Zum Glück hatte Agathe den Ring gut versteckt, doch komischerweise fand Agathe plötzlich die Sitte, das Kopftuch zu tragen, nützlich, so war sie auch unter der Haube. Dabei musste sie schmunzeln, denn sie hatte nicht vor, je zu heiraten. Dolores schien Agathe nun nicht mehr allein lassen zu wollen. Sie waren zusammen oft am Strand, dort hatten Felsformationen bizarre Formen angenommen, und sie begegneten anderen Leuten. Sie liebte dieses Panorama, genauso wie die Prärie mit ihren Kakteen und die Tiere, die dort lebten. Eines Tages brachte Dolores auch ihre kleine Enkelin Romina zum Ausflug in die Prärie mit. Die Hitze war groß und die flimmernde Luft erlaubte sich Schabernack beim Fernblick auf Strand, Promenade und Brandung.

»Da, Agathe, hast du auch Lust zum Baden?«

»Aber Romina, das ist nur die Fata Morgana.«

Der Trinkbeutel war nun leer getrunken. Ausgerechnet den letzten Schluck Wasser ließ Romina auf den verdorrten Boden fallen, was zu allgemeinem Bedauern führte. »Aber Romina, man darf nicht verschwenderisch mit Wasser umgehen«, schimpfte Dolores. Es war ein langweiliger Wochenendnachmittag, der Wind war überraschenderweise etwas kühler, trockene Grasbüsche spielten und rannten und manchmal gewann sogar der Favorit. Auf einem Hang fraß gemütlich eine Heuschrecke die zarten Spitzen vom grünen Gras, als aus heiterem Himmel eine Rotknie-Vogelspinne sie überwältigte und sofort fraß. Agathe schrie erschreckt auf. Romina und Dolores schauten sich belustigt an und Agathe musste grinsen. Dann fing Agathe an: »Romina ich habe eine Idee: Wir denken uns eine Geschichte aus, ich fange an.« Die nächsten Minuten war Agathe etwas nachdenklich, dann aber sah sie die leeren Trinkbeutel und die fast geometrischen Zeichnungen der alten Inka-Götter, die Romina zuvor auf einem Blatt Papier gezeichnet hatte, und ihr fiel etwas ein: »Romina, ein kleines Mädchen ließ Wassertropfen auf den trocknen Boden der Prärie fallen.« Romina erwiderte herausfordernd: »Überraschenderweise war es nicht zu heiß und die Tropfen Wasser versickerten nichtverschwenderisch im Boden.« Agathe spann die Geschichte weiter: »Eine Art kleine Vegetation fing an, zu wachsen.«

»In der Mitte war ein Stein, aber nein, das war doch eine berühmte Pyramide der Maya, bloß sehr klein, man musste sie doch mit der Lupe ansehen«, sagte Romina und dabei tat sie so, als hätte sie eine Lupe in der Hand. Da wurde Dolores wach. »Kann ich auch mitmachen?«, fragte sie und nach einer kurzen Pause sagte sie: »Also, auf die Pyramide führen vier Treppen zu je 91 Stufen hoch. Wenn man dann die Plattform dazu zählt, dann ergibt das genau 365 Stufen, die Tage des Jahres.« Romina meldete sich und schaute in der Runde: »Der Schamane war ein böser Mensch, er spielte gerne seine Macht aus, insgeheim wollte er selbst König werden. Einmal überzeugte er den König, Blut zu spenden. Die Schnittwunde heilte schlecht, nun war das Leben des Königs in Gefahr. Um die Götter gut zu stimmen, eröffnete der Schamane die Opferzeremonie, sechs junge Mädchen und Jungs wurden auserwählt, sie liefen die Treppen hoch, widerwillig. Sie waren Kriegsgefangene.« Agathe erhob die Hand: »Ein Jüngling aber war der Sohn des besiegten Häuptlings und besaß besondere Fähigkeiten.«

Romina führte die Geschichte weiter fort: »Da sagte er mutig: Ihr braucht uns nicht zu opfern, denn ein paar Blutstropfen von mir reichen, um das Orakel zu beleben.«

Zugvögel flogen über ihre Köpfe und das Schnattern kündigte den Beginn der Dämmerung an. Dolores sah die ersten Schatten des Abends und wollte beschleunigen: »Man fügte dem Jungen eine kleine Schnittwunde an der Hand zu, das fließende Blut wurde in einem trockenen Blatt gesammelt, welches ins Feuer geworfen wurde.«

Romina sagte: »Die Flammen loderten und wechselten die Farbe. Es wurde getanzt im Rhythmus der

Musik, die Adligen kleideten sich mit bunten Federn, prächtigen Mänteln aus Jaguarfellen und trugen goldene Ketten mit stammesgerechten Symbolen am Medaillon.«

Alle drei sangen ein altes Lied in Indianersprache, das zu diesen Ritualen gesungen wurde, dieses heilige Ritual versetzte Agathe in eine Art Trance. Agathe fügte fast wispernd hinzu: »Man hatte auch Muscheln und Juwelen sowie Obst als Geschenke dargeboten.«

Dann sprach Dolores: »Der Rauch wurde vom Wind zerstreut, vereinigte sich rätselhaft und alsbald erschien ein Adler. Seine Flügelspannweite war riesig, er flog frei über die feiernde Menge, die schon in Panik geriet. Der Adler packte den bösen Schamanen und warf ihn ins Feuer, mit seinem Tod wurde der König gesund und ließ nie wieder zu, dass Menschen geopfert wurden. Rominas Lupe bündelte die Sonne, und die Pyramide geriet in Flammen, selbst die Asche wurde vom Wind in die Ferne zerstreut. Und jetzt – vamos!«

Romina war enttäuscht über den Ausgang: »Aber Oma, was soll das?«

Unterwegs wurde noch viel gelacht und Agathe trug die kleine Romina auf den Schultern. Im Dorf waren schon die Schaufenster mit Calaveras de Dulce, Totenschädel aus Zucker, Schokolade oder Marzipan mit dem Namen des Todes auf der Stirn, neben Pan de Muerto, dem Todesbrot, zum Naschen ausgestellt, es roch köstlich. Gefeiert wurde vom einunddreißigsten Oktober bis zum zweiten November, zum Gedächtnis Allerseelen. Auf den Straßen herrschte buntes Treiben, die Wohnungen und der Friedhof waren prachtvoll dekoriert mit Blumen, Kerzen und Todessymbolen. An den Eingangspforten waren Laternen aufgehängt, ein Teppich aus türkischen Nelken, auch Totenblumen genannt, Ringelblumen und gelben Chrysanthemen erstreckte sich vom Haus zum Friedhof. Es ging darum, mit orangenen und gelben Farben den Toten den Weg zum Familienfest zu markieren. Man gedenkt auch der verstorbenen Kinder, die nun Engel sind. Überall an öffentlichen Plätzen und in der Wohnung waren Altäre mit Speisen, Kränzen, Leckereien, Blumen, persönlichen Sachen, Fotos, Kerzen und Weihrauch bedeckt. Am zweiten November hieß es Abschied nehmen. Am Friedhof wurden mitgebrachte Speisen gegessen, getrunken, musiziert und getanzt. Viele Leute trugen Totenkopfmasken oder hatten sich als solche geschminkt. Schaurig verwandelte sich die Gegend in eine Zombiestadt, in der nur Skelette feierten. Obwohl die vielen schwarzen Gewänder die Stimmung trübten, war auch eine Farbenpracht aus zahlreichen bunt leuchtenden Kostümen vorhanden. Um Mitternacht war das Fest vorbei. Agathe erlebte es nicht bis zum Schluss, ihr Verschwinden bei der Parade wurde verhindert. Denn irgendwann wurden ihr in dem ganzen Gewirr K. O.-Tropfen verabreicht. Mit einem Sack auf dem Kopf wurde sie in dem Gedränge aus kostümierten Leuten in einen Van geladen, wo auch Kartoffelsäcke lagen.

Die ersten vierzehn Wochen waren bereits vergangen.

Ximenas Tagebuch

Señor Mendosa ist schon wieder im Geschäft aufgetaucht. Das gefällt Vater nicht, hinterher ärgert er sich immer wieder und verflucht den Tag, an dem er seine Hilfe in Anspruch genommen hatte, um sein Geschäft vor dummen Geschwätz zu retten. Señor Mendosa schenkt mir seine flüchtige Aufmerksamkeit mit kurzen, intensiven Blicken und hat mir einen Blumenstrauß zukommen lassen. Es wird mir unangenehm. Heute hat er sich lange mit Miguel unterhalten, dabei blieb das Aufräumen der Waren auf der Strecke. Señor Mendosa sprach leiser, seine Art, unauffällig zu sein, finde ich widerlich. Die meisten von uns unterhalten sich stark gestikulierend, Señor Mendosa hat beim Gespräch stets die Arme verschränkt. Ohne Zweifel sieht er gut aus, seine schlitzförmigen kleinen Augen verheißen etwas Exotisches. Diesen Abend beim Essen hat Miguel den Wunsch geäußert, für Señor Mendosa zu arbeiten, er hatte einen höheren Lohn versprochen und dabei eine Ausbildung zum Lageristen angeboten, was sehr begehrt ist, wenn man Mexiko verlassen möchte. Vater hat sich tierisch aufgeregt. Wieso willst du plötzlich das Familienunternehmen verlassen, das ohnehin auch dir gehört? Wir wollen auch gut für Ximena sorgen, das war Mams Wunsch, weißt du noch?

Ich habe Miguel weinen sehen, lass Mam aus dem

Spiel, hat er gesagt. Diese Nacht ist keiner von uns eingeschlafen, Dad hat die ganze Nacht die Liste überprüft. Ich habe die Wäsche gebügelt und genäht. Miguel ist hin und her gelaufen und fand keine Ruhe, er hat nicht mal gemerkt, dass wir alle wegen seiner Unruhe nicht schlafen konnten. Heute ist Miguel weg, er hat sich kurz angebunden verabschiedet. Ich komme wieder, es wird alles gut, spätestens zum Gedenken an Allerseelen bin ich wieder da, hat er uns getröstet.

Pa findet den ganzen Tag keine Ruhe, bis tief in die Nacht arbeitet er.

Außerdem ist mir heute etwas Peinliches passiert. Beim Einpacken im Lebensmittelgeschäft bin ich aus Versehen von einem Mann gestoßen worden. Es war so heftig, dass daraufhin mein Einkaufwagen umgestürzt ist und der Inhalt kreuz und quer auf dem Boden lag. Der Mann hat sich entschuldigt und wollte gehen, als Señor Mendosa aufgetaucht ist, den Kerl am Ohr gepackt hat und zu ihm gesagt hat, er solle mit anpacken, denn eine Entschuldigung allein sei zu wenig. Anschließend hat Señor Mendosa darauf bestanden, mich mit seinem Auto nach Hause zu bringen, obwohl ich immer wieder gesagt habe, dass das nicht notwendig sei. Er hatte wie immer einen Vorwand parat, er müsse sich sowieso mit Pa unterhalten, geschäftlich, klar. Während der Fahrt ist seine Hand immer näher zu mir gerutscht, auf die Schulter oder auf die Beine. Ich bin froh gewesen, als ich endlich zu Hause war. Dad hat mich erbost angeschaut, als er mich mit Señor Mendosa aufkreuzen sah.

Miguel ist nicht erreichbar, von selbst meldet er sich auch nicht, ich finde das seltsam, die Familie hat ihm viel bedeutet. Ob er unter Druck steht? Señor Mendosa versicherte uns, dass es ihm gut gehe und erklärte uns, dass diese duale Ausbildung mit Praxis und Theorie die ganze Aufmerksamkeit in Anspruch nehme. Er sagte sogar, dass er zu dem Gedenken zu Allerseelen kommen werde. Das würde er sicher nicht verpassen wollen, allein schon wegen Mam.

Im Surfer-Klub gab es heute einen Zwischenfall. Komischerweise waren alle guten Surfbretter vergeben, obwohl ich früh genug da war. Ich konnte nur ein schäbiges bekommen, es gab Diskussionen. Es ärgerte mich, dass mein Lieblingsbrett, das Blaue, jemand anders ritt, im Wasser aber war noch keiner zu sehen. Das schäbige Brett war zu kurz für mich und warf mich immer wieder runter. Wie aus dem Nichts kam ein Händler und brachte welche mit, schon ordentlich gebohnert. Natürlich freute ich mich darüber, dann merkte ich, wie Señor Mendosa in einiger Entfernung an der Ecke stand, sich auch freute und mich nickend grüßte. Ich fand das abstoßend.

Heute ist etwas Grässliches passiert. Mein Freund López Pérez Hérnandez Martinez und ich sind im Park gewesen, wir haben geknutscht und hatten auch viel zu besprechen. Die Auswahl der Surfer für die internationalen Wettkämpfe hatte begonnen, er wollte Punkte sammeln und viel trainieren. Ich habe ihm versprochen, zusammen mit ihm zu trainieren,

Dad wäre auch einverstanden gewesen, meine Arbeit würde ich bis tief in die Nacht nachholen. Als López schon bei dem Motorrad war, habe ich gerufen: »Warte doch, du hast den Rucksack vergessen!« Ich bin zurückgelaufen. An diesem herrlichen Tag, an dem die Straße mit vielen Leuten belebt war, kam ein Auto angefahren, aus dem Fenster schoss jemand auf López. Als ich keuchend eintraf, lag er da, tot.

Ich vermisse meinen Bruder, ich vermisse López, Dad ist nicht mehr derselbe.

Señor Mendosa ist aufgebracht gewesen, als Vater den Vorfall meldete, er versprach Vergeltung, was Vater ein wenig beruhigt hat. Ich habe einen Verdacht und traue dem Affentheater Señor Mendosas nicht und er wusste es. Ich sah, wie er mich ansah und das bestätigte mich. Am Friedhof bei der Beerdigung, war Señor Mendosa auch da, wie ein Schatten, fast unsichtbar, schleimig und hinterlistig stand er hinter einem Baum, der Qualm seiner Zigarre verriet ihn. Ich empfand so viel Hass, was will er noch?, fragte ich mich. Wegen ihm ist die Familie in den Ruin gestürzt.

Eine Woche lang hat uns Señor Mendosa in Ruhe gelassen. Eines Abends unterhielt er sich mit Dad, und der wurde laut: »Was soll das, sie ist meine Tochter!«, beschwerte er sich. Dann gab er nach und rief mich nach unten zu ihnen. Da erfuhr ich, dass es beschlossene Sache war, ich musste Señor Mendosa gefällig sein, sonst würde das Geschäft zugrunde ge-

hen und er versicherte mir auch, dass es nur ein Mal sein würde.

Es blieb nicht dabei, er kam mit Freunden zurück.

Gestern Nacht hat sich Vater im Keller aufgehängt, ich fand ihn am Morgen, es brach mir das Herz. In seiner Tasche war sein Abschiedsbrief. Darin hatte Vater seine Ohnmacht gegenüber Señor Mendosa geäußert. Ein weiterer Brief war auch dabei, säuberlich zwischen die Seiten gelegt. Es war ein Zeugnis über die Machenschaften des Señor Mendosa und eine Warnung für mich. Somit bestätigt sich meine Vermutung, dass er von Anfang an ein Auge auf mich geworfen hatte und dafür die Familie in den Ruin getrieben hat. In seinem Abschiedsbrief hat Vater auch erwähnt, dass mit Miguel etwas nicht in Ordnung sei und dass ihm alles leidtäte.

Ich will Miguel warnen, aber wie? Ich rufe zuallererst die Polizei. Tränenspuren und verschwommene Kugelschreibertinte sind auf dem Brief, den ich nun in Händen halte, noch deutlich zu erkennen.

In der Kaserne

Mit einem bitteren Geschmack im Mund und einem Kater wachte sie auf. Sie befand sich in einer Kaserne, laute Befehlsrufe waren zu hören, sie lag in einem Bett, wie war sie bloß dorthin gekommen? Sie konnte sich an nichts mehr erinnern. Sie fühlte, wie Panik ihre Gedanken trübte, sie zitterte und schon klopfte jemand an der Tür. Ein Mann in Uniform trat herein, erst als er die Mütze in der Hand hielt, erkannte Agathe Jim Dick.

»Sie sind es, Jim Dick, Gott sei Dank. Wo bin ich? Was ist passiert? Ich kann mich nicht erinnern, wie ich hier gelandet bin ...«

»Beruhigen sie sich, Frau Agathe Schwippst, Sie sind hier in Sicherheit. Wir haben uns verpflichtet, wissen Sie noch?«

Agathe zitterte noch fürchterlich und Jim umarmte sie. Agathe spürte seine Wärme, seinen starken Griff, seine sicheren Schultern und begann, bitterlich zu schluchzen. Neue Gefühle durchfuhren ihren Körper und sie wusste nicht, was das war. Als sie sich wieder im Griff hatte, ging sie sofort auf Distanz: »Oh, entschuldigen Sie mich, ich weiß nicht, was über mich kam.« Merklich fassungslos fühlte sich Agathe verwundbar. Sie kamen endlich ins Büro des Oberkommandeurs, der bereits auf sie wartete. Der Oberkommandeur war wohl in schlechter Stimmung und Agathe wusste schon, dass Grässliches kommen würde.

»Frau Agathe Schwippst, wissen Sie eigentlich, was Sie getan haben?«

»Entschuldigung, Sir, können Sie mich aufklären?«

»Ich möchte nicht unterbrochen werden, wenn ich rede, das gilt auch für Sie.« Selbst die Luft war geladen und Agathe fühlte sich plötzlich ganz klein. »Desperado war Ihre Chance, noch mal ein normales Leben zu führen, und Sie machen gemeinsame Sache mit El Toro, ich habe Spione, Dolores war nur einer von ihnen. Da diese Maßnahme zur Erhaltung Ihres Lebens missglückt ist, werden Sie die nächsten drei Monate eine Grundausbildung mit den neuen Rekruten absolvieren, und ich hoffe, dass Sie gefügiger werden. Jim Dick, begleiten Sie Agathe auf ihr Zimmer, bis sie über Weiteres in Kenntnis gesetzt wird.«

Agathe war mehr als wütend. Unterwegs auf den langen Fluren, inzwischen menschenleer, hörte sie ihren Herzschlag und das Geräusch ihrer Schuhe auf dem Boden.

»Was soll das, Jim? Ich mache keine gemeinsame Sache mit El Toro, außerdem denke ich, dass das auch gewollt war, wie soll ich die Ohrringe sonst verstehen?«

»Agathe, jetzt darf ich es dir nicht sagen, es kommt die Zeit und ich werde es dich wissen lassen. Eins musst du aber wissen, du hast dich gut bewährt, ich wusste, dass du vertrauenswürdig bist. Eines noch, was auch geschehen wird, hier darf ich keine Partei für dich ergreifen, hier sollst du behandelt werden wie die anderen – wegen der Diskretion.«

Es war acht Uhr morgens und alle Bewerberinnen trafen am Exerzierplatz ein. Es waren sechsundzwanzig junge Frauen mit Agathe, in Reih und Glied zum Appell, der Ehrenkodex wurde laut gesprochen und Agathe spürte den Ernst der Lage. Im lauten Rhythmus ertönte die Pfeife.

»Heiliger Strohsack, was will die Oma hier?«, vernahm Agathe mit Entsetzen, sie drehte sich um und sah eine hübsche junge Dame mit gewelltem Haar und Minirock. Da musste Agathe schmunzeln.

»Ich ergraue auch, wenn ich mit der üben muss«, sagte eine weitere mit erbostem Gesicht.

»Ah Milli, sie ist schneller wieder raus, als du denkst, du wirst sehen«, bemerkte die Frau daneben.

Im Gemeinschaftsschlafsaal bekam Agathe ihren Platz ausgerechnet neben Milli.

Schon in der ersten Nacht fühlte sich Agathe etwas klebrig und unbehaglich, beim Aufstehen erkannte sie nun die Ursache: Zahnpasta. Bei der Bettinspektion musste Agathe dies mit zwanzig Liegestützen auf geballten Fäusten gerade bügeln. Im Waschraum stellte Agathe fest, dass ihre Zahnpasta fehlte, als sie Milli zur Rede stellen wollte, wurde diese jähzornig.

»Was glaubst du denn? Nicht mal meine Mutter würde es wagen, mich so etwas zu fragen« sie schubste Agathe, sodass diese hart auf den Boden fiel. Erst dann wurden die anderen aktiv: »Nun lass endlich die Frau in Ruhe, wenn du Mutterkomplexe hast, lass das nicht an ihr aus.« Eine Beule wuchs an Agathes Hinterkopf.

»Du musst das so sehen Agathe, es hätte schlimmer werden können«, tröstete sie eine junge Bewerberin namens Ashley. Sehr früh am Morgen, als es draußen noch stockdunkel war, mussten sie zum Appell und dann marschieren, zu allem Überfluss war dies noch mit Singen verbunden. Alles war halb so wild, wenn die Jungs vorbeimarschierten, dann schrie eine: »Hi, Randy!«

»Oh man, die haben aber einen knackigen Po«, die andere. Zum Frühstück in der Kantine kamen alle Gruppen zusammen, es gab viel zu sehen. Agathe aber war die Spottfigur. »Oh je, die ist schon ergraut«, hieß es, wann immer Agathe vorbeiging.

Vormittags gab es Unterricht. Jeder musste am Unterricht teilnehmen, dort lernte man militärische Tugenden zu verstehen, sowie die Grundlage der Rechte und Pflichten, vorbildliches Verhalten zu verinnerlichen und militärische Umgangsformen anzunehmen. Die ersten Unterrichtsstunden galten dem Kennenlernen, so musste jeder einen kurzen Aufsatz schreiben mit der Überschrift *Warum habe ich mich rekrutieren lassen*? Die wurden dann laut vorgelesen, dabei schloss Agathe die Verfasserinnen von zwei Texten besonders ins Herz.

Grace Magee schrieb: *Meine Mom starb an Krebs, als Älteste musste ich die fehlende Mom ersetzen. So musste ich mich um die drei jüngeren Geschwister kümmern, plus die Schule, plus auf dem Bauernhof helfen. Ich dachte, das Leben kann kaum schlimmer werden, ich wollte eine Berufsperspektive, um Dad besser unterstützen zu können.*

Fuyumi Lee schrieb: *Meine Familie gehörte zu einem Clan, als Dad nach einem Kampf nicht nach Hause kam, wussten meine Mutter und ich, dass es für uns zu gefährlich sei dortzubleiben. Meine Mutter hat das nie verkraftet und ist zur Trinkerin geworden. Nachdem mir bewusst wurde, dass ich das nicht ändern konnte, ging ich meinen Weg.*

Agathe schrieb: *Ich arbeite für eine Zeitschrift und möchte hautnah erfahren, wie der Militärdienst junge Leute verändert.*

Sie musste klettern, rennen, mit Gewichten in Rucksack viele Kilometer marschieren, auch durch Tümpel und kleine Seen. Egal wie, allen wurde geholfen, das Ziel zu erreichen, und das schweißte zusammen. Agathe litt am meisten, trotzdem gab sie nie auf. Als ihr eines Tages der Sprung über die Mauer nicht gelingen wollte, sagte der Trainer: »Denk an Aji, das muss dir die nötige Kraft geben.«

Ja, das war das einzige Mal, dass Agathe Schwäche zeigte, und dicke Tränen flossen über ihr Gesicht. Es war vermutlich wegen jenes Gedankens, dass Agathe schneller, wendiger und gehorsamer wurde. Beim Erste-Hilfe-Kurs wurde sie befähigt, Maßnahmen zur Lebenserhaltung durchzuführen. Nun musste sie die nächste Herausforderung bestehen, Überlebenstraining bei allerschlimmsten Umständen. Stundenlanges Marschieren, Kriechen, eine Gasmaske in sieben Sekunden aufsetzen, Rennen, Klettern und in der Nacht jagen. Das alles hätte sogar angefangen, Spaß zu machen, wenn die Blasen an Füßen und Händen und die Gliederschmerzen nicht gewesen wären. Die Gruppe übte auch im Feld, sie musste lernen, sich im Gelände zu orientieren und durch verschiedene Bewegungsarten die Kunst der Tarnung und Täuschung zu beherrschen. Die Kollektivstrafe war eine ständige Gefahr, aber je enger die Bande der Kameradschaft verknüpft wurden, desto eher waren Gemeinschaftsaufgaben mit Leichtigkeit erledigt. Auf dem Gelände mussten auch Behelfsunterkünfte gebaut sowie eine Feldmahlzeit vorbereitet werden.

Als die Grundausbildung von drei Monaten zu Ende war, verabschiedete sich Agathe von den Mädchen, die nun ihre Wege gingen. Es wurde gefeiert, und die Krönung der Feier war ein Theaterstück, das die Rekruten selbst aufführten, *Im Zug* hieß es. Der Plot war folgender: Drei Soldaten im Zug sind auf der Heimfahrt, sie grüßen sich nach militärischen Sitten mit gestreckten Fingern der rechten Hand an der Schläfe. Ein Mann mit Tarnmuster Uniform, stellt sich vor.

»Ich bin Soldat in der Marine.«

»Welche Kriterien beachtet man bei der Einstellung in der Marine?«, fragt einer der Rekruten im Zug.

»Na ja, bei der Einstellung war ich der Zweite. Mein Vorgänger, athletisch, ein Meter achtzig groß, gut aussehend kam als Erster dran.« Nachdem er eine Weile schwieg, fragte der andere: »Und dann?«

»Er kam ziemlich schnell wieder aus dem Raum. Ich fragte: ›Alles OK?‹

›Na na na na nein, sie sie sie wollten mich nicht‹, antwortete er stotternd. Ich kam dran, sie schauten mich von oben bis unten an, dann kam der Arzt mit dem Zollstock. ›Wie groß sind Sie?‹, fragte der Arzt.

›Ein Meter achtundfünfzig, Sir, angezogen.‹

›Wieso denn das?‹, fragte er.

›Weil die Hose viel zu lange ist und ich auf den Zehen laufe‹, antwortete ich.

Dann sagte er nachdenklich: ›Nun, alles ausziehen!‹ Gesagt getan, ein Meter fünfundfünfzig plus eine Kleinigkeit. ›Eigentlich geht ein Meter fünfundfünfzig gar nicht, aber ich hoffe trotzdem, dass Sie sich bewähren‹, sagte er schließlich«, beendete der erste Rekrut seine Ausführung.

Der andere in Pilotuniform sagte: »Ich bin Pilot und vor Kurzem entlassen worden.«

»Wieso denn?«

»Es hat alles angefangen an dem Tag, als ich in einem Flugzeug saß und ein Arzt ins Cockpit gerufen wurde. Der Arzt ging die Reihen hindurch nach vorne und ein paar Minuten später lief die Durchsage, wenn sich ein Pilot an Bord befände, solle er nach vorne kommen. Ich war Neuling. Einige Tagen danach bekam ich Schmerzen am linken Bein.

›Altersschwäche‹, sagte der Arzt.

Das konnte nicht sein, das rechte Bein ist genauso alt und tut nicht weh. Ein anderes Mal, als mein Kollege sterbenskrank dalag, sagte der Arzt: ›Dein Kamerad gefällt mir nicht.‹

Ich erwiderte: ›Mir auch nicht, aber es ist bald vorbei, oder?‹ Ein anderes Mal schimpfte er so aufgebracht, wieso haben Sie meinen Brief ungelesen zurückgeschickt?

›Sie haben selbst gesagt, dass ich mich nicht aufregen soll.‹ Zum Schluss bat er mich, ich solle aufhören, so viel zu trinken, die Blutprobe sei wieder verdunstet.«

Der dritte Soldat dann: »Ich gehöre zur Bodentruppe. Einmal versuchte der Arzt, einen Ertrunkenen zu reanimieren, er hob seine Arme hoch und pumpte immer wieder. Ein Mechaniker schaute eine Weile zu, dann sagte er: ›Wenn die Füße nicht aus dem Wasser kommen, dann kannst du den See leer pumpen‹. Beim Zahnarzt hatte der Arzt selbst die Instrumente nicht gesehen und griff nach einer Zange, da sagte ich: ›Ich komme lieber, wenn Sie nüchtern sind‹. Vor einem zwanzig Kilometer Marsch sagte der Leutnant, er hätte eine gute und eine schlechte Nachricht für uns. Die Gute, wir dürften die Kurzstrecke durch den Wald nehmen. Die Schlechte, der Boden sei vom Regen der letzten Tage völlig glitschig«.

Sie stiegen aus dem Zug aus, jemand rief »Anton«, darauf antworteten alle gleichzeitig »Ja!«.

Der Vorsprecher der Theatergruppe trat auf die Bühne. »Die leiden wohl unter dem Bundeswehrsyndrom«

»Warum denn?«, fragte ein anderer.

»Du siehst doch, sie können nicht mehr denken.«

Eine Frau kam mit einer riesigen Torte, um sie zu begrüßen, die Schnürsenkel brachten sie zu Fall. Am Boden zerstört weinte sie, sofort eilte ein Anton zu ihr. »Ja, wir alle beklagen die Gefallenen«, sagte er zu ihr und ein anderer: »Ja, aber die hatte zwölf Eier«.

Das Stück endete mit einem Damentanz, mit haarigen Beinen und Drei-Tage-Bärten, mit weiten bunten

Röcken, im Rhythmus der Melodie von *Can Can*. Mittendrin verlor eine Dame einen Busen, der Luftballon tanzte hin und her und alle lachten. Es wurde laut gepfiffen, der Beifall war groß, es gab außerdem ein Büffet und das Bier floss in Strömen.

Nun waren es noch fünf Monate bis zur Testamentseröffnung. Agathe sehnte sich nach zu Hause zurück, beim Aufräumen musterte sie immer wieder den letzten Ohrring. Etwas klang ihr im Ohr, als ob sie jedes Mal an eine unvollendete Tätigkeit erinnert wurde und das tat Agathe weh, denn sie wusste nicht, was es war.

Jetzt begann für Agathe der Abschnitt, in dem sie die Kunst der Selbstverteidigung lernen sollte, Ju-Jutsu. Wegen Personalmangels in der Kaserne sollte Agathe am Vormittag nun zusätzlich Englischunterricht geben, was ihr endlich ein Stück Vertrautes zurückgab. Sie kam dadurch in eine bessere Position und genoss mehr Entscheidungsfreiheit. Am ersten Nachmittag vor dem Selbstverteidigungstraining erlebte Agathe eine große Überraschung. Der Trainer in Ju-Jutsu war Jim Dick, Agathes Herz jauchzte vor Freude, endlich ein freundliches und bekanntes Gesicht. In der ersten Stunde ging es um die Theorie des Kampfsports, dieser Kurs war mit 15 Schülern gut belegt. Schon als sie ihren Platz einnahm, fiel Agathe mit Getöse auf den Boden, wo sie sich schmerzhaft am Kopf stieß, was zu allgemeiner Belustigung führte. Der gute Kollege, Ron, hatte den Stuhl gerade in dem Augenblick, als Agathe sich setzen wollte, beiseitegeschoben. Jim

Dick bewertete das nur mit einem bösen Blick. Er ermahnte: »Ju-Jutsu soll Spaß machen und als ein Sport verlangt es Fair Play. Ju-Jutsu bedeutet sanfte Kunst, da durch Nachgeben oder Ausweichen mit der Kraft des Angreifers der Sieg errungen wird.«

Agathes Kopf hämmerte schmerzhaft, und schon musste sie sich ein weiteres Mal ärgern, denn der gute Ron hatte auch noch ihren Stift durchgebrochen.

»Es geht hier um eine effektive Selbstverteidigung durch Ausdauer, Schnelligkeit, mentaler und körperliche Belastbarkeit unter der Anwendung von verschiedenen Techniken.«

An die Tafel schrieb er: *Aikido hat mit Hebel- und Wurftechnik zu tun. Judo mit Fall-, Wurf-, Hebel-, und Bodentechnik. Karate mit Atemtechnik sowie mit Schlägen und Tritten.*

»Agathe, warum schreiben Sie nicht mit?« Sie wollte gerade erklären, dass ihr Stift kaputt war, als ein Fußtritt ihren Atem stocken ließ.

»Herr Ron, sie machen erst 100 Liegestütze, bevor Sie mit Mary Jay den Platz tauschen.« Sobald Mary Jay seinen Platz einnahm, lief alles besser. Dick fuhr fort: »Die Wurzeln des modernen Ju-Jutsus sind Aikido und Judo, die wiederum aus traditionellen Kampfkünsten entstanden sind, sie wurden modifiziert und den Bedürfnissen angepasst. Es wurde nach einem System gesucht, welches eine waffenlose Selbstverteidigung von Polizei, Zoll, Justiz und Streitkräften möglich machte. Deshalb wurde im Jahr 1967 …«

Nach der Theorie folgte die Praxis, eine Weile durften sie Fortgeschrittenengruppen beim Üben beobachten. Es ging um Bewegungslehre, Abwehrtechnik, Bodenkampf, Atemtechnik, Wurftechnik, Waffenabwehr, Transporttechnik und was Agathe am besten gefiel: Nervendruckpunkttechniken, die würde sie gerne mit Wonne an Ron testen. In der Pause nahm sie sich Ron vor: »Was fällt Ihnen ein, mich auf diese Art zu verärgern? Wenn Sie Probleme mit mir haben, möchte ich das nur zu gerne ausdiskutieren.«

»Lass mich, du Oma«, blaffte Ron Agathe an und schubsend verschwand er. Jeden Nachmittag übten sie nun im Trainingsraum, wo große Matten bereitlagen. Die ersten Übungen basierten auf seitlich ankommende Schläge und Tritte. Dabei wird auf die gerade Führung des Körpers geachtet in Kombination mit Atemtechnik. Agathe beklagte sich nicht, Blessuren waren an der Tagesordnung. Sie hatte das Gefühl, muskulöser zu werden. In der Kantine sprach Jim Agathe an: »Agathe du stehst jetzt auch an der Tafel im Büro. Du hast dieses Wochenende Freigang, hast du das gewusst?« Agathe konnte ihren Ohren nicht trauen. Nach dem Frühstück ging sie ins Büro und sieh einer an, da stand es tatsächlich, zum ersten Mal. Sie schaute lange auf die Tafel, sie konnte es noch immer nicht glauben, genauso wenig bemerkte sie, dass Jim hinter ihr stand.

»Wie wäre ein Kinoabend zu zweit, Agathe?« Agathe erschrak und die anderen Personen, die sich im Raum befanden, pfiffen laut.

»Ach Jim, mach dich nicht lächerlich«, sagten sie. Agathe fasste es als Beleidigung auf und verschwand schleunigst auf ihr Zimmer. Da klopfte es schon an der Tür: »Agathe, bitte, es war nur ein Scherz von Frank, darf man denn nicht scherzen? Kann ich rein?«

»Ok, komm herein.«

»Also, meine Frage ist noch unbeantwortet.«

»Woran hast du gedacht?«

»Am Sonntag gibt es im Kino einen Horrorfilm, das Phantom der Oper.« Er äußerte dies mit Spannung im Gesicht und seine Aussprache war so, dass Agathe Gänsehaut bekam. »Es ist ein 1986 uraufgeführtes Musical in zwei Akten von Sir Andrew Lloyd Webber und Richard Stilgae, nach dem Roman des Franzosen Gaston Leroux von 1910. Was hältst du davon, hast du Interesse?«

»Na ja, was Bezauberndes wäre mir lieber, aber klar, dann bis Sonntag.«

Agathe war sehr aufgeregt, nicht nur weil sie zum ersten Mal Freigang hatte, sondern auch, weil sie noch nie im Kino gewesen war.

Das Phantom der Oper

Agathe ging mit Jim zum Kino, beide hielten einen kleinen Abstand. Dass das Wetter schön war, ein paar dunkle Wolken aber eventuell auch alles verändern könnten, war ihnen egal. Vor dem Eingang waren zwei große Blumentöpfe, voll herrlich bunter Pflanzen und eine Biene machte sich saugend am Nektar zu schaffen. Auch diesem Anblick schenkte Agathe nicht ihre Aufmerksamkeit, wie es sonst üblich gewesen wäre. Sie sprachen nicht sonderlich viel miteinander, denn die Last des Grusels des Films lag bereits auf ihnen …

Das imposante Pariser Opernhaus wird von einer Volksmenge an Besuchern überflutet, sie tragen Smoking und feine Roben, auch Offiziere und Amtsträger sind dabei. Die Frauen tragen nicht nur ein elegantes Haarstyling, sondern auch ihre extravagante Kleidung entspricht der Mode jener Zeit, in welcher die Geschichte sich ereignet. Vor dem Pariser Opernhaus fahren königliche Kutschen, gezogen von prächtigen Pferden, vor, welche die Adligen absetzen. Beängstigende Musikklänge übertönen den Film von Anfang an, Agathe ist sofort unbehaglich zumute. Das Opernhaus selbst ist das vollkommenste aller Häuser, mit vielen Einzigartigkeiten geschmückt, die Lounge ist riesenhaft groß und fast gespenstig, extraordinäre Arkaden mit Elementen der barocküblichen Ornamente lassen vor allem das Innere der Oper goldleuchtend schimmern. Besonderes dort, wo die Bühne herausragt, liegt der Fokus der Oper. Die Melodie erfüllt das Opernhaus, sogar das Büro des Direktors. Dort findet gerade ein seltsamer Deal statt, der Verkauf des Opernhauses. »Es könnte sein, dass Sie vom Phantom der Oper gehört haben«, sagt der Verkäufer, womit er beim Käufer auf ein ungläubiges, vergnügtes Lächeln stößt.

»Nehmen sie sich in acht vor der Loge 5, meine Herren«, fügt er hinzu. Eine Dienerin bestätigt später die Richtigkeit dieser Aussage.

»Ich habe dort die Figur eines Mannes gesehen, der nicht ansprechbar ist und eine Maske trägt«, berichtet die Dienerin mit allerhöchster Achtsamkeit.

»Ist das ein Phantom?« Tänzerinnen aus dem Saal überqueren das untere Stockwerk zu den Umkleideräumen, als aus dem großen Löwentor, die Schatten jener Unheilsbringer erscheinen. »Das Phantom ist wieder im Keller«, schreien die Tänzerinnen durcheinander.

»Er hat keine Nase!«

»Das ist ungeheuerlich!«

»Da, dieser Mann kommt unmittelbar nach der Erscheinung. Ob er es ist?«

Ein geheimnisvoller Mann mit einer gelben Fliege am Hals starrt sie an und geht vorbei. »Lasst uns Joseph Bouquet fragen«. Joseph erklärt: »Seine Augen sind wie der Abgrund der Hölle, so tief und schwarz mit dem furchterregenden Antlitz eines Totenkopfs ohne Nase.«

»Schweig, Bouquet, Geister mögen es nicht, wenn man über sie spricht.«

Agathes Hände zitterten unruhig.

Es ist in der Schaubildebene im dritten Kellerstockwerk.

»Meine Tochter ist beleidigt worden, die Primadonna der Pariser Oper. Hier der Brief«

Liebe Charlotte,
am Mittwochabend wird Christine Dallé die Rolle der Marguerite übernehmen, sonst wird deine Karriere ein jämmerliches Ende finden.
Das Phantom.

»Sie wird selbstverständlich singen!«, schreit der Vater.

Am Mittwochabend wird die Rolle von Marguerite Christine übergeben, da Charlotte krank geworden ist. Christine ist umwerfend gut, besonderes bei ihrem Abgang in den Himmel als Engel, bei dem alle voller Begeisterung klatschen. Christines Verlobter Raoul und sein Bruder unterhalten sich. »Stimmt es, dass Christine viele geheimnisvolle Verehrer hat?«

»Egal wie viele, sie liebt nur mich.«

In Christines Umkleideraum drängt Raoul Christine zur Heirat. »Jetzt hast du alles erreicht, was dein Herz begehrt, dann sollten wir endlich heiraten.«

»Zwing mich nicht, zwischen dir und der Oper zu entscheiden, denn ich werde die Oper vorziehen.«

Als Raoul den Raum in tiefer Trauer verlässt, bleibt er hinter die Tür stehen und lauscht Christines Gespräch. Denn kaum hat er den Raum verlassen, schon spricht eine liebliche Stimme wie die eines Engels zu ihr.

»Christine, ich habe alles getan, was in meiner Macht steht und ganz Paris verehrt dich. Vergiss nicht, den Preis dafür zu bezahlen. Du musst nun für mich und deine Karriere leben, ich warte auf deine Bereitschaft, mir zu dienen.«

In Charlottes Büro wird ein weiterer Brief gefunden, dieses Mal schwarz umrandet.

Madame Charlotte,
sollten Sie morgen singen, so wird ein großes Unglück passieren, seien Sie krank.
Phantom.

Charlottes Vater regt sich auf, entschieden will er nicht nachgeben. Er liest weiter:

P.S, sollten Sie sich dagegen wehren, so wird sich der Fluch bewahrheiten.

An dem Abend singt Charlotte trotzdem, und so stürzt zum Entsetzen des Publikums, des Theaterpersonals und der Schauspielerinnen, der Kronleuchter über ihr auf die Bühne. Es herrscht ein großes Durcheinander, und alle laufen mit lautem Geschrei fluchtartig aus dem Opernsaal. Raoul versteckt sich in Christines Raum, in dem er kurz, nachdem er hereingekommen ist, Zeuge von Christines freiwilligem Verschwinden mit dem

Phantom durch den Spiegel wird. Der Eingang hinter dem Spiegel schließt sich, als Raoul sich noch mit hineinschleichen will. Das Heiligtum der Oper, das unselige edle Folterzimmer, in dem längst vergessene Verstecke und Kerker schlummern, liegt hinter dem Spiegel, ein Königreich mit riesigen Gewölben und vielen Treppen mit geheimnisvollen Korridoren. Dort begegnet Christine dem Phantom mit der Maske. »Lass dich nicht von meinem Aussehen erschrecken, denk nur an meine Gefühle für dich.«

Im zweiten Stock, weiter unten, wartet ein Pferd, welches Christine bis zum schwarzen See trägt, dann geht es mit dem Boot weiter zur Wohnung des Phantoms. Der schwarze See ist ein vergessener Wasserspeicher, erstaunlicherweise ist hier unten alles schwach beleuchtet. Dort offenbart das Phantom Christine seine Liebe zu ihr und erwartet ihre aufrichtige Bestätigung. Christine versucht zu fliehen.

»Erlöse mich Christine, der Hass der Menschen hat mich erschaffen. Früher war ich Erik.«

Christine erwacht am nächsten Tag aus ihrer Ohnmacht in einem königlichen Raum, voller Vorhänge, Spitzen, hübschen Verzierungen und Gegenständen aber auch kostbaren Utensilien des Alltags.

Die Medien schreien es in die Welt hinaus: *Tragödie um das mysteriöse Verschwinden von Christine Dalé.*

Christine findet einen Brief von Erik, darin bittet er sie, ihm die Maske nie abzunehmen. Sonst hätte sie Narrenfreiheit, solange die Liebe sie verbindet. Im

Nebenraum spielt Erik Orgel, es ist das Liebesstück, welches die beiden verbindet, *Don Juan triumphant.*

Im Rausch der Musik zerrt Christine die Maske des Phantoms von dessen Gesicht.

In diesem Moment des Films erschrak Agathe und umarmte Jim kurz, Schutz suchend.

Das Phantom reagiert mit Rachsucht und Bösartigkeit und Christine versucht zu fliehen. »Lass mich gehen, so werde ich immer deine Sklavin sein.«

»Ich tue es, aber du darfst deinen Verlobten nie wiedersehen, sonst seid ihr beide tot. Morgen beim Maskenball bin ich unter euch, sieh dich vor, Christine.«

Einmal in Jahr gehen alle Pariser zum Maskenball zur Oper. Sie tragen bizarre Kostüme von Prinzen, Monarchen, Prinzessinnen, Bühnenfiguren, außerdem Regimentsuniformen und Traditionskleidung aus aller Welt, dabei tragen alle eine Maske. Unter ihnen befindet sich die Figur eines Teufels, alle räumen den Platz, so unheimlich ist das. Es wird überall getanzt, zwischen den Stufen der Treppen, in den Logen, in den Sälen.

»Was glotzt ihr denn so, unter euren Füßen sind viele Menschen begraben, warum also keine Todesmaske?«, blafft die Teufelsfigur.

Christine und Raoul verstecken sich in einer Ecke, versuchen miteinander zu reden, hoch oben über Paris, auf dem Dach der Oper. Dort befindet sich eine Engelstatue. Einer der Engel steht mit dem Gewand etwas beiseite, sodass seine Brust zu sehen ist. Der

Engel hebt seine Hände in den Himmel, in denen er jeweils eine goldene Flamme hält. An dessen Seiten sitzen zwei weitere Engel, alles steht auf einem hohen Sockel und zwischen den Flügeln hält sich das Phantom mit flatterndem Gewand fest, ungesehen von dem Pärchen.

Agathe erschrak wieder und diesmal umarmte sie Jim innig. »Hey, ist nur ein Film.« Spontan küsste Jim Agathe, der erste Kuss auf die Stirn, und da sie in einem dunklen Raum waren, küssten sie sich auf den Mund. Agathe schloss dabei ihre Augen und erfuhr eine immense Entspannung.

»Ich habe das Phantom gesehen. Lass uns morgen nach der Vorstellung nach England fliehen.« Das Phantom hat auch alles gehört. Durch den Bogen zur großen Halle begegnen sie dem geheimnisvollen Mann mit der gelben Fliege am Hals, er deutet schweigend in die andere Richtung zur Halle. Geradeaus befindet sich nämlich das Phantom, das auf sie wartet. Im Büro des Direktors erklärt der Präfekt: »Erik, geboren während der Boulevard Massaker, hat sich die Musik und schwarzen Künste selbst beigebracht. Er wurde wegen seiner Verrücktheit und seinen Verbrechen nach Devils Island verbannt, von dort ist er geflohen.

Am folgenden Abend hält eine Kutsche an der runden Seite der Oper. Raoul tröstet Christine, die vor der Vorstellung weint. Ein Mitarbeiter entdeckt eine Leiche hinter der Bühne »Kommt schnell, der Galgen wurde wieder benutzt.« Der gehängte Joseph liegt auf dem Boden, er hat zu viel gewusst. Raoul verbindet dies mit dem geheimnisvollen Mann mit der gelben Fliege um den Hals, der sich als verdeckter Ermittler der Polizei entpuppt. Er hat das Phantom beschattet, weiß von seinem Versteck und der geheimen Tür hinter dem Spiegel. Dort begeben sich Raoul und der Ermittler auf die Suche nach Christine, die erneut verschleppt wurde. Unterwegs lauern viele Gefahren, durch eine Falltür gelangen sie in ein Folterzimmer, ohne jegliche Chance zu entrinnen. Als der Alarm das Phantom zwingt zu fliehen, gelingt es ihnen, Christine zu lokalisieren. Zurückgekommen bemerkt das Phantom die Anwesenheit der zwei im Nebenraum und lässt den Raum von Hitze durchfluten. Christine bekommt die Wahl, das Phantom zu heiraten und die Eingesperrten so zu retten, oder die gesamte Oper mit einer gewaltigen Explosion zu zerstören. Mithilfe einer Kiste mit zwei Knöpfen soll Christine entscheiden. Die Knöpfe stellen einen Skorpion und eine Heuschrecke dar, Christine tätigt den Skorpion und das Wasser des schwarzen Sees läuft in den Raum, in dem die zwei Männer durch eine Falltür aus dem überhitzten Raum Schutz gefunden haben. Eine andere Falltür dient wiederum dazu, sie aus dem überfluteten Raum zu holen. Noch entkräftet und unfähig zu reagieren, müssen sie zusehen wie das Phantom Christine mit sich zerrt. Das Volk gerät in Rage, mit Fackeln und Mistgabeln begeben sie sich in das untere Gewölbe der Oper. An der frischen Luft draußen bemächtigt sich Erik einer wartenden Kutsche und das wilde Rennen nimmt seinem Lauf.

Die schreckenerregende Musik im Hintergrund wird nicht nur lauter, sondern hämmert unheilvoll durch den Kopf und den Verstand.

Agathes Hände umklammerten die von Jim.

Christine gelingt es, sich aus der fahrenden Kutsche zu befreien, und schon rennt ihr Raoul entgegen, während das aufgebrachte Volk Erik einkreist. Eriks letzte Flucht führt an die Flusspromenade, wo er überwältigt und hinuntergestürzt wird. Er ertrinkt.

Agathe verließ das Kino an Jim geklammert, immer noch von der Dramatik des Films erfasst und mit einem unendlichen schönen Gefühl, das sie noch nicht definieren konnte. Die beiden schauten sich an, ganz wie verwandelt. Nun liefen sie nebeneinander und hielten sich fest an den Händen.

Die Flucht

Eines Abends als sie gerade an der Offiziersmensa vorbeiging, belauschte sie ein Gespräch: »Das ist der letzte Abschnitt, denn in 15 Wochen ist es soweit. Nach der Testamentseröffnung wird sie steinreich sein.«

Laute Schritte näherten sich, woraufhin Agathe auf leisen Sohlen rasch verschwand. Das Training wurde härter, schon im zweiten Abschnitt sollten sie den Gegner durch Heben und Werfen zu Boden stürzen und nach 20 Sekunden den Griffkontakt lockern. Die meisten Verletzungen zog sich Agathe immer dann zu, wenn sie gegen Ron antreten sollte – immer dann, wenn der Ausbilder nicht in ihre Richtung schaute. Blaue Flecken und schmerzende Körperteile waren Alltag.

Bei der Angriffsserie war sie schon bei Abschnitt D, da sollte sie Waffenangriffe abwehren. Sie sollte sich auf die erste Prüfung vorbereiten, aber die Zeit war knapp. Agathe gab sich größte Mühe, sie dachte aber an Aji, die Erbschaft und die Freiheit, den Ohrring, und neuerdings an Jim. Sie ertappte sich sogar im Schlaf, wie sie die Minuten zählte, bis sie endlich wieder frei leben konnte.

Auf die Frage: »Wie soll ich bloß für die ganzen Aufwendungen und Trainingsmaßnahmen aufkommen?«, bekam sie typischerweise nur schiefe Mundwinkel mit einem auf den Boden gesenkten Blick als Antwort. Agathe übersetzte dies mit: »Es ist selbstverständlich, das machen wir mit jedem so.« Sie achtete immer darauf, dass ihre Haare ordentlich zum Dutt fixiert waren. Sie pflegte zu sagen: »Ordnung fängt mit den Haaren an.«

Durch ihr schnelles Auffassungsvermögen, ihre Kompetenz und nicht zuletzt ihr Verantwortungsbewusstsein kam Agathe zu streng vertraulichen Informationen über den Gang der Ermittlungen und vor allem bezüglich des Schutzes ihres Eigentumes. Beim Anziehen des Pyjamas fiel Agathes Ohrring auf den Boden, im Mondlicht glänzte er sonderbar. Agathe betrachtete den Ohrring mit gerunzelter Stirn, es schien, als wolle etwas sie beobachten. War etwas in dem Schmuck versteckt? Ein Funksender? Agathe legte sich mit einem schlechten Gewissen schlafen. Sie fand in dieser Nacht keine Ruhe, wälzte sich ständig hin und her und schlief erst spät ein.

Amüsiertes Gelächter von jungen Männern war im Hintergrund aus einer Ranch zu hören und überall liefen Leute mit der typischen Stierkampf-Kleidung herum, welche aus einem breiten Sombrero, weiten Hosen, glänzenden polierten Stiefeln mit Sporen und einem Tuch um den Hals bestand. Am Zaun ging es lebhaft zu, ein paar junge Männern saßen auf der oberen Latte des Zaunes und schlossen Wetten ab, andere stützten sich ganz aufgeregt auf den Zaun. Ein Stier wurde in einer engen Box für den Kampf vorbereitet, es war noch ein Jungtier, man sah in seinen Augen die Angst, Speichel floss bereits aus dem Maul.

Er war trotzdem widerspenstig, bereit, um sein Leben zu kämpfen, und vor allem schwarz wie der verachtende Schlund des Todes. Sein Blick war bedrohlich, angsteinflößend und erst als das erste Schwert seine linke Flanke durchbohrte, verwandelte sich sein Ausdruck zu einer scheußlichen Grimasse. Seine Augen schienen plötzlich, als würden Flammen aus ihnen flackern und zu Agathe starrend brüllte er besiegt vom Schmerz: »Denke daran Agathe, der Ring ist mein Eigentum, ich bekomme ihn wieder.«

Agathe schoss hoch und schrie in ihr Kissen, um nicht gehört zu werden, schweißgebadet und noch zittrig stellte sie fest, dass es nur ein Albtraum war.

Es war eine schöne Vollmondnacht, plüschige kleine Wölkchen leisteten dem Mond Gesellschaft, während Wildgänse in Formation laut schnatternd vorüberzogen. Agathe konnte nicht wieder einschlafen, die Vorstellung, dass der Albtraum sie weiterhin belästigen würde, hielt sie hellwach. In solchen Nächten begab sich Agathe daheim normalerweise in den Keller und malte die ganze Nacht oder schnitzte Figuren von sagenhafter Schönheit. Die Motive waren vielfältig, an den zwei Händen, die schützend ein winziges Baby hielten, arbeitete sie sehr lange, möglicherweise weil sie den Verlust ihres Vaters nicht verarbeitet hatte und insgeheim hätte sie auch gerne ihr eigenes Baby behütet. Vor allem Wildtiermotive hatten es ihr angetan, so konnte sie ihre Aggression und Wut auf sich selbst wegen ihrer Feigheit, sich nicht stellen zu wollen, besser zum Ausdruck bringen. In jungen Jahren hatte sie bereits für eine kurze Zeit bei Beerdigungsunternehmen gearbeitet, aber diese wollten sich nicht festlegen, obwohl ihre Kunstfertigkeit dort gepriesen wurde.

Zerstreute kleine Wolken wie Schäfchen auf einer Wiese sammelten sich am Himmel, aber es wollte einfach nicht regnen. Sie grub sehr lange, dann packte sie schnell etwas unter die Decke und stellte sicher, dass niemand Verdacht schöpfte.

Agathe begab sich mit der Schmutzwäsche zu einem Riesen-Container, um sich dort zu verkriechen. Sie hatte lange genug geübt, sich unauffällig und unbemerkt zu verstecken. Dort blieb sie bis kurz vor vier Uhr morgens. Der Transporter kam, um die Wäsche zu holen. Dafür brachte man von der Wäscherei saubere zurück, schon fertig gebügelt und bei Notfällen auch genäht. Um fünf Uhr dreißig ertönte die Trompete, die das Aufstehen signalisierte.

Alle Insassen beeilten sich, zum Appell zu erscheinen. Danach ging es zum Marschieren, um die Fahne zu hissen und sich anschließend, nach einer Stunde Marsch, zum Frühstück zu begeben. Man hatte vier Minuten Zeit zum Anziehen, Aufräumen, Fenster öffnen und mit sauberer Uniform im Hof zu erscheinen. Agathe war immer pünktlich gewesen, an diesem Morgen aber nicht. Sofort wurde jemand geschickt sie aufzusuchen, auch mit der Ankündigung, dass sie mit einer Strafe rechnen müsse. Sehr überrascht fand man in ihrem Bett nur einen Haufen Wäsche, so drapiert, dass sie der Form eines Menschen ähnelte. Die Überraschung war gelungen. Alle gingen sofort auf die Suche, dann allmählich reifte der Verdacht einer Flucht. Aber wohin? Weit und breit waren sie von

Wüste umgeben, ohne Kontakt zur Außenwelt. Und das alles fünfzehn Wochen vor Testamentseröffnung. Der Chef der Elite wurde bei einer Sondersitzung degradiert und für das Finden Agathes wurde eine Belohnung ausgesetzt.

»Es ist keine Übung, sucht nach einer Spur, sie muss unbedingt gefunden werden.«

Nach umgehender Prüfung stellte man fest, dass sie sich laut der Videoüberwachung kurz vor Abholung der Wäsche, in einem Wäschecontainer versteckt hatte. Der Van wurde sofort zurückbestellt. In der Kaserne eingetroffen war Agathe nicht mehr im Van, sie hatte sich irgendwie befreit, und war schon längst über alle Berge, was praktisch unmöglich war.

Wende

Aji und Ivan schlenderten lustlos die Straße hinunter, gerade um die Ecke war ihr Stammlokal, *Il Gufo.*

»Was wollen wir hier Aji, wir haben einen Termin zur Gruppentherapie in der nächsten Straße.«

»Ganz locker, Ivan, ich gehe wegen dir mit, möchte dir Beistand leisten beim Versuch, dich zu bessern.«

»Wahrhaftig mein Freund, du bist der Philosoph von uns, andererseits könnten wir Alice Hallo sagen.« Ivan richtete seinen Blick gen Himmel, ›wie blöd ist das?‹, dachte er. »Genau, das gehört sich an einem schönen Nachmittag wie diesem.«

In ihrem Stammlokal nahmen sie Platz und Alice eilte schon herbei.

»Hi Jungs! So früh heute, was?«

»Weißt du Alice, Ivan will zur Gruppentherapie für Alkoholiker, ich leiste ihm Beistand.«

»Verstehe, somit wollt ihr euch Mut antrinken, vernünftig, wenn es klappt, bin ich ruiniert, also müsst ihr mir auch Beistand leisten.«

»Du triffst den Nagel auf dem Kopf, Alice«, raunte Ivan sehr betrübt. Vor lauter Beistand hatten die beiden sich nichts mehr zu sagen, denn dann hätte er zugeben müssen, dass Alice recht hatte. Stillschweigend genossen sie das Bierchen, Ivan schaute nervös auf das Ziffernblatt der Uhr.

»Weißt du Aji, wenn es unangenehm wird, läuft die Uhr viel zu schnell, wir müssen gleich los.«

»Sei nicht so nervös, ich bin bei dir, sag mal, warum willst du so plötzlich dein Leben ändern? Ein Mädchen?«

Ein paar Blöcke vor dem Therapiezentrum umarmten sich heftig einige Pärchen und drum herum bewegten sich heftig ein paar Büsche.

»Da ist das Therapiezentrum für Erkrankte mit zwanghaftem Sexualverhalten, Aji. Unser Zentrum ist gleich dort.«

Auf der anderen Straßenseite lief Jo, so früh am Nachmittag und schon besoffen.

»Hi Jungs! Geht ihr auch zum Seelenklempner? Ich habe es schon lange hinter mir.« Der Eingang zum Zentrum hatte vier Stufen, schon bei der ersten war Aji unbehaglich, bei der zweiten bekam er keine Luft mehr und bei der dritten Stufe blieb er einfach stehen, Luft schnappend.

»Was meinst du, Ivan? Ich denke das reicht dir als Beistand, oder? Mir ist nicht so gut.« Aji war gerade dabei zu gehen, als ihn eine starke Hand an der Schulter packte.

»Aji und Ivan, wenn ich mich nicht täusche. Ihr kennt mich doch, wir waren zusammen in der Grundschule. Man, ich freue mich, euch behilflich sein zu können.«

»Ja, Lloyd aber …«

»Nichts aber, die Gruppe wartet auf euch, immer zu spät was? Gruppe, das sind Aji und Ivan, am besten ihr stellt euch selbst vor.«

»Guten Tag, Leute. Ich mmmh ...« Aji erlitt plötzlich eine Blockade, aber der Psychotherapeut sagte fürsorglich: »Oh je, das wird wohl nichts, Ivan stell du dich mal vor.«

»Ich bin Ivan, oh je ...« Ivan erlag auch einer Blockade, bevor er sich erholen konnte, schauten sich die anderen Teilnehmer verdutzt an, einer fing schon zu schnüffeln an: »Das ist schlecht. Sie riechen nach Alkohol.« Die anderen fingen schon an zu flüstern, der Psychotherapeut musste sofort handeln, ehe alles aus den Fugen geriet.

»Leute, sie sind neu, das nächste Mal wissen sie besser Bescheid.«

Aji schaute ihn ziemlich verunsichert an, in Gedanken fragte er sich, was das sollte. Da sprach Lloyd, der Psychotherapeut.

»Die Sängerin von Clannad hatte Probleme mit Kokain und Alkohol, sie sagte, sie müsse sich entscheiden, was ihr in ihrem Leben wirklich wichtig sei. Das sollte uns allen zu Denken geben.«

In der Mitte der weißen Wand hing nur ein Bild. Es stellte einem Webstuhl dar, halb gewebt ein Teppich, und daneben das Gedicht.

Erst wenn der Webstuhl schweigt,
die Schiffchen nicht mehr rennen,
wird Gott das Muster offenbaren
und den Grund uns nennen,
warum die dunklen Fäden
in des Webers flinker Hand

so wichtig sind wie Gold und Silber
im Muster, das er plant.
Maire Brennan

Diesen Abend blieb Aji zu Hause. Sehr lange starrte er das Bild von Großvater mit dem Schiff am Fenster an, auf dem er ihn anlächelte.

Nach zehn Sitzungen schlug der Therapeut vor, eine richtige Entzugskur zu machen, was mit großer Unlust aufgenommen wurde. An diesem Abend war Ivan besonders gereizt.

»Ich habe keine Lust mehr, das zu tun, was ich tun soll, ich mache nicht mehr mit. Ich kündige.«

»Was ist Ivan, willst du mir die Freundschaft kündigen? Vergiss unseren Blutschwur nicht Ivan, damals«, antwortete Aij entsetzt.

»Aji, wir waren Kinder.«

»Dann mache ich diese Kur auch nicht mit, es bleibt alles beim Alten.«

»Nein, Aji, du musst weitermachen, der Chef möchte es so.«

»Was soll ich mit dem Chef?«

»Chef und Bürgermeister«

»Mein Großvater steckt dahinter, mein Job, besser unsere Jobs Ivan, er hatte dich auch lieb gewonnen. Der Bürgermeister … dann ist er das, Großvaters letzter Wunsch. Wenn du nicht willst Ivan, mach was du gern tust. Ich ziehe es durch.«

An der Kreuzung trennten sich die beiden und zum ersten Mal gingen sie getrennt ihre Wege. Diese Nacht war eine schlaflose Nacht, Aji meinte, es sei wegen des Vollmondes. Als er endlich schlief, träumte Aji von Großvater, endlich waren sie zusammen auf dem Schiff von Admiral Nelson, die Victory. Die Wogen schlugen an die Seiten des Schiffes, das Kielwasser hinterließ eine lange Spur und Delfine zeigten ihnen springend den Weg. Admiral Nelson war ein kleiner Mann, er humpelte und nur ein Auge war noch übrig geblieben, dennoch trug er die Uniform mit Würde und schien beherrscht und selbstsicher.

»Aji, unsere Pflicht ist, den Jüngeren ein Vorbild zu sein. Ein Mann muss immer Würde bewahren, für Gott, Vaterland und vergiss Agathe nicht. Wer weiß, was sie mitmacht wegen dir.«

Aji roch Rosenblüten und drehte sich um, er traute seinen Augen nicht.«

»Agathe, vergib mir, Agathe.«

Tränenüberströmt wachte Aji auf. Es war noch dunkel. Jemand klopfte an die Tür. »Aji, bitte, mach die Tür auf.« Es war Ivan. Er klang verzweifelt.

»Was ist Ivan? Kannst du auch nicht schlafen?«

»Uhhh«, antwortete dieser nur, als Aji ihn einließ.

Ein paar Wochen später fuhren Aji und Ivan mit einer Nostalgieeisenbahn quer durch eine wunderschöne Landschaft zu einem Kurort, der in einer grünen Idylle lag, ganz in der Nähe war ein Dorf. Dort gefiel es den beiden gut, in kurzer Zeit hatten sie sich eingelebt. In der ersten Woche nach ihrer Ankunft stand die Feuertaufe an: Einmal, als Aji zum Aufenthaltsraum gehen wollte, kam er zufällig auf dem langen Korridor an einem Raum vorbei, zu dem die Tür offenstand.

Auf dem Tisch, aufsehenerregend, stand meisterhaft prächtig eine Flasche Whiskey. Sie war einladend und verführerisch. Aji musste sie lange ansehen, das war bestimmt eine Fata Morgana. Ivan eilte Aji hinterher, um das Wunder zu betrachten.

»Aji, nehmen wir sie. Niemand wird es merken, denn jeder, der hier vorbeigeht, kann die Flasche genommen haben.«

»Vielleicht nur einen Schluck.«

»Sie werden es riechen, Aji. Vielleicht können wir die Flasche nur ansehen, das ist auch schön.«

»Ja, das wird das Beste sein, im Grunde schmeckt es sowieso nicht.«

Nach einer Weile gingen sie mit gesenktem Kopf davon, unterwegs aber mussten sie lachen. »Ja«, sagte Ivan, »Im Grunde hätte er sowieso nicht geschmeckt.«

Morgens gab es zwei Pillen, nachmittags machten sie sich im Garten nützlich. In der Gärtnerei pflegten sie die Blumen, welche mit Erfolg verkauft wurden, dafür bekamen sie einen geringen Stundenlohn. Dort fanden sie Anschluss an eine Clique, die auch in der Gärtnerei zusammenhielt. Mit ihrem Lohn konnten sie sich im Dorf amüsieren. Es gab aber eine strenge Auflage – es durfte kein Alkohol getrunken werden, denn zurück im Heim mussten sie sich einer strengen Kontrolle unterziehen. Diejenigen, bei denen Alkoholkonsum festgestellt wurde, mussten das Heim sofort verlassen. Einmal musste ein Mitglied, Jamie, die Anstalt bei strömenden Regen verlassen, in dieser Hinsicht waren die Aufseher sehr streng und konsequent. Alle bedauerten den Vorfall, weil Jamie ein guter Freund geworden war. Zwei Mal in der Woche gab es Gruppentherapiegespräche, man unterhielt sich über Eindrücke und Vorstellungen von der Zukunft. Nach acht Wochen tapferen Durchhaltens wurden sie entlassen, erfolgreich geheilt, mit der Hoffnung, sie würden nicht rückfällig werden.

Es war schwer, sich zu verabschieden, denn wer mochte schon so einen Ort verlassen und nicht wiedersehen?

Agathes Heimkehr

An einer Tankstelle wurde Agathe abgesetzt, der Ring erwies ihr gute Dienste. Kurz danach wurde der Van mit der Schmutzwäsche zurückgerufen, der Fahrer wechselte nur einen unruhigen Blick mit dem Mechaniker, der gerade ein Auto begutachtete. Agathe musste nicht lange warten, denn kaum hatte sie versucht, sich zu orientieren und sich die Gegend einzuprägen, schon kam ein anderer Van, seine Tür öffnete sich und jemand fragte sehr diskret: »Sie möchten El Toro treffen und haben seinen Ring dabei?« Agathe bejahte das und sofort durfte sie hinten in den Van einsteigen, wo zwei dunkle Gestalten auf sie warteten. »Hier ist der Ring, den ich El Toro persönlich überreichen soll«, sagte Agathe ziemlich verlegen. »Ah, Ah, wir müssen Ihnen aber trotzdem die Augen verbinden. In Kürze sind wir da.« Sie sah nichts mehr und hörte auch nichts, denn außer der Augenbinde trug sie auch Kopfhörer, die Musik abspielten. Es war eine lange Reise, unterwegs bekam sie einen Bohnenburrito zu essen und allmählich schlief sie ein. Eine Hand schüttelte sie leicht an der Schulter: »Aufwachen, wir sind schon da.« Immer noch mit Augenbinde aber ohne Kopfhörer musste Agathe eine Weile laufen und jemand führte sie an der Hand. Es musste ein Bauernhof sein, es roch nach Gülle und frisch gemähtem Gras und der Wind streifte ihr Gesicht, während ein Hahn krähte. Die Stimmen fingen an zu hallen, da wusste Agathe, dass sie in einem Gebäude sein musste. Endlich wurde die Augenbinde entfernt, Agathe hatte große Schwierigkeit sich zu orientieren, und es dauerte eine Weile bis sie durch das schwache Licht einer Kerze den Raum wahrnehmen konnte.

»Möchten Sie ein Glas Wasser, Frau Agathe?«, fragte El Toro, der in seiner ganzen Größe vor ihr stand. Agathes Kopfverletzung, die nicht allzu lange her war, fing wieder an zu Pochen. »Sehr gerne, bitte.« Während sie gierig einen Schluck von dem Wasser trank, das der Mann ihr gegeben hatte.

»Wo ist mein Ring, und was kann ich für dich tun?«, sagte El Toro selbstbewusst. Aus den hochgesteckten Haaren löste Agathe einen kleinen Zopf, welcher den Ring festhielt und übergab ihn El Toro, der ihn sofort intensiv überprüfte. Nun musste auch Agathe ihr Versprechen einlösen: »Señor El Toro, mir wäre es lieber, wenn wir allein unter vier Augen sprechen würden.«

Als sie endlich allein waren, sagte sie: »Ich habe aus zuverlässiger Quelle eine Geheiminformation. *Hotel Halle sieben* in der Stadt wird überwacht, die Lieferung, die in Kürze erwartet wird, ist auch bekannt.«

El Toros Gesichtsausdruck verwandelte sich in eine Art Grimasse und er zertrümmerte das Glas in seiner Hand in tausend Splitter. Agathe zitterte am ganzen Körper.

»Wie soll ich das verstehen? Bin ich verpfiffen worden?«

Schlagartig wurde Agathe am Hals gepackt: »Verrate mir seinen Namen.«

In Panik und mit erstickter Stimme schrie Agathe: »Mehr weiß ich nicht, bitte glauben Sie mir.«

»Woher wissen Sie dann meinen Namen?«

»Ich weiß es einfach, Orotle Mendosa ist der Betreiber des Hotels, das ist doch El Toro rückwärts.«

»Was sagen Sie da?« El Toro ließ Agathe fallen. Dabei fiel der letzte Ohrring in eine dunkle Ecke, während El Toro verwirrt vor sich hinstarrte.

Agathe, noch kurzatmig, fuhr fort: »Der Singvogel befindet sich im Schutzprogramm, ist irgendwo untergetaucht, sie erwarten dich, es ist eine Falle, er sprach von Orotle Mendosa.« Im Tausch für die Informationen bekam Agathe eine neue Identität von El Toro und eine männliche Maske, mit der fertigen Verkleidung sah sie etwas korpulenter aus. Bei der gesamten Scanarbeit, Anpassung und Anfertigung des Kostüms sah Agathe nur die Augen der Gang El Toros.

Als die Arbeit beendet war, liefen sie einen Tunnel entlang, trotz verbundener Augen bemerkte sie den Geruch der Erde und der stickigen Luft. Die Verkleidung war so authentisch, dass sie am Flughafen selbst von ihren Militärkollegen aus dem Camp nicht erkannt wurde. Sie lauschte beim Einsteigen in die Maschine einem Gespräch.

»Ja, um Agathes Haus werden zusätzlich auch welche patrouillieren. Wir vermuten, dass sie nach Hause will.«

Gänsehaut überzog Agathe, die sehr angestrengt versuchte, möglichst nicht aufzufallen. Unter ihnen war Jim Dick, Agathe drehte sich spontan um, und ihre Blicke kreuzten sich. Jim war plötzlich unbehaglich zumute, vor Schreck verschluckte er sich und musste husten. Die Kollegen beeilten sich, ihm auf den Rücken zu klopfen. Unter der Maske kam Agathe ganz schön ins Schwitzen, sie hatte geübt, ihre Gefühle zu unterdrücken, aber das gerade war knapp gewesen. »Ja, ein Fels in der Brandung«, dachte Agathe, »das bist du.«

Agathe dachte daran, was ihr Großvater immer gesagt hatte, um ihr Mut zu machen. Der Flug verlief gut, ein Handlanger von El Toro, verkleidet als verschleierte Frau aus dem fernen Orient, begleitete sie. Am Flughafen wurde sie von wiederum anderen Clanmitgliedern El Toros abgeholt, im Van musste sie sich neu verkleiden. Bei der Bäckerei in ihrer Stadt wurde sie dann herausgelassen, zufällig war die Brötchenlieferantin an Durchfall erkrankt, so durfte also Agathe, verkleidet als Lieferantin mit einer Perücke, die Bestellung zu sich nach Hause austragen. Das Tor zum Hof stand weit offen, süße Kätzchen rannten tollpatschig hinter bunten Schmetterlingen her, die sich hin und wieder auf einer bunten Blüte erholten. Von dem offenen Fenster kam der Geruch von Gebratenem mit Würze, so köstlich, dass einem das Wasser im Mund zusammenlief. Die Sonne kam schüchtern aus einer Wolkenschicht heraus, es war einfach herrlich.

In der Küche waren zwei Soldaten am Kochen: »Na, Robert auch schon Appetit? Ah ja, da kommen auch schon die Brötchen.«

Rot wie eine Tomate und mit entsetztem Blick, in dem Versuch, liebenswürdig zu erscheinen, warf Agathe die Perücke weg. Nun konnte sie jeder wiedererkennen. Mit großen Schritten war sie schon im Wohnzimmer, in dem einer an einem Blumentopf, die Pflanze war längst verwelkt, nach Hinweisen suchte. Da schaute sie sich zum ersten Mal nach langer Zeit im Spiegel an, diese schmale Silhouette und den gleichzeitig durchtrainierten Körper hatte sie nicht erahnt. Kein Wunder, dass niemand sie erkannt hatte. Ein Soldat machte sich am Schrank zu schaffen, aus dem längst alles herausgeflogen war, bis er eine uralte Hose fand, von einer Zeit, in der Agathe noch kräftiger war. Sofort, im Rhythmus eines Volkslieds, schlüpften sie zu zweit hinein und begannen mit Grazie und Hingabe einen hübschen Tanz. Fast unauffällig in die Küche zurückgekommen, bewaffnete sich Agathe mit Töpfen und Bratpfannen, davon hatte sie wirklich viele. Es war Zeit aufzuräumen, das Gesindel kroch aus allen Löchern, sogar im Kamin war einer, man musste ja bedenken, dass der Vetter diesen als Eingang benutzen hätte können. Bratpfannen und Töpfe flogen, dass es eine Freude war. Das Getöse begleitet von Schreckgeschrei war lange zu hören. Besonders das verbitterte Jaulen bei einem Volltreffer. Alles flog hinaus, sogar die vielen Katzen, die sich nur ihrer Niedlichkeit wegen hatten niederlassen dürfen. Polizisten, in diesem Fall Sonderkommandosoldaten, haben anscheinend auch ein Herz.

Sie schrie mit den Tränen kämpfend: »Ich bin Agathe Schwippst, das ist mein Haus, ich brauche keinen

Schutz, ich werde mich vor meinem Vetter selbst beschützen.«

Der letzte Anwesende lief zwar so schnell, wie ihn die Beine tragen konnten, doch vor Entsetzen blieb er am Tor stocksteif stehen. Agathe sah ihn vom ersten Obergeschoß der Außentreppe, so richtete sie die Bratpfanne in der rechten Hand aus, mit Blick in Richtung Tor, wo sich der letzte Flüchtling befand. Die Hand mit der Bratpfanne, die sie langsam hob, holte zum Schwung aus und zielte: »Berechnung des Winkels, Check. Die Höhe ausrichten, Check.«

Der arme Teufel stand wie versteinert da, Agathe aber ließ das Geschoß wie in Trance einfach fallen, und es fiel krachend die Treppe hinunter, bis ganz nach unten. Ja, das war Agathes großer Triumph aber auch großer Verlust. In ihr fand ein gewaltiger Kampf statt, sie fiel auf die Knie und weinte bitterlich. Der materielle Verlust war nicht so groß wie der Verlust der Identität. Sie wollte sich einfach zurück ins Leben kämpfen, nun war sie endlich daheim und konnte wieder aufräumen. Dieser Aji sollte sich hüten. Es dauerte nicht lange und das Telefon klingelte. Agathe traute sich nicht, den Hörer abzuheben, so sehr zitterten ihr die Hände. Das unaufhaltsame Klingeln hörte nicht auf, es schien schon so, als wäre der Apparat am Brüllen. Sie hielt sich die Ohren zu, es half nichts, sie flüchtete in den Keller. Das Geräusch eines Jeeps erschreckte Agathe so sehr, dass sie ihr Versteck verlassen musste. Jim Dick stieg aus, während seine Kollegen sitzen blieben. Jims Gesicht war knallrot vor Wut, sein gesamter Ausdruck war ernst und verärgert. »Agathe, verdammt. Was machst du für Sachen? Mein Boss ist sauer, die verscheuchten Beamten sind verängstigt und ein paar leicht verletzt.«

»Sir, ich wollte einfach nach Hause.«

»Wie zum Kuckuck hast du das geschafft? Am Flughafen, warst du das?« Agathe schwieg, auf alles gefasst. »Agathe, dein Großvater und Aji, was ist mit dem Bürgermeister?«

»Mir ist bewusst, dass ich gegen hundert Regeln verstoßen habe, aber kannst du mich nicht verstehen, Jim? Du zumindest?«

Jims Gesichtsausdruck veränderte sich und sein gütiger Blick musterte Agathe verständnisvoll: »Agathe du hast schon so viel durchgehalten, warum nicht noch diese paar Wochen? Was ist mit Aji?«

Agathe fiel Jim in die Arme: »Mir sind die Konsequenzen bewusst und ich nehme sie auch in Kauf. Jim, ich muss es dir erzählen ...« Jims Handy klingelte, Agathe gefror das Blut in den Adern.

»Ja Sir, Agathe ist hier, es geht ihr gut.« Der Bürgermeister war aufgebracht und brüllte, sodass Agathe alles mitbekam.

»Ja, dann würde ich vorschlagen, dass du und Roger bleiben, wir sehen uns morgen zu einer Konferenz um neun Uhr, grüß mir Agathe.«

Rasch kam die Dämmerung, sie saßen auf dem Balkon und genossen den Blick auf die Stadt, wo die Lichter in der Stille allmählich die Ebene beleuchteten. Agathe wollte einfach abschalten und sich keine Sorgen mehr machen müssen.

Ein Militärjeep holte Agathe direkt von zu Hause ab. Während der gesamten Fahrt schwieg Agathe eingeschüchtert, von Schuldgefühlen geplagt und die plötzliche Erkenntnis, dass sie nicht nur Vertragsbruch begangen, sondern auch den Glauben ihres Großvaters an die Aufrichtigkeit des Bürgermeisters angezweifelt hatte.

Wieder befand sich Agathe im Büro des Bürgermeisters im Rathaus, an dem geräumigen, von Licht durchfluteten Ort mit herrlichen grünen Pflanzen. Sie schaute aus dem Fenster und unten im Garten spitzten schon schüchtern die ersten Krokusse aus der Erde. Sie beobachtete die Anordnung ganz genau und versuchte, die geometrische Form zu erkennen, die sich irgendwie ergeben musste, als sie plötzlich zurück in die Realität gerissen wurde. Männerstimmen drangen durch den Flur, gefolgt von lauten, hallenden Schritten, Agathe wurde sofort unwohl. Der Bürgermeister kam als erster herein, blieb bei der Tür stehen und ließ zuerst den Oberkommandeur des Militärs, Daniel Lee, und seine rechte Hand, Jim Dick, herein und ließ die Tür zugleiten. Sie grüßten einander, wie es Sitte war. Ein paar Minuten schauten sie sich einander an. Agathe wusste, sie steckte im Schlamassel.

»Agathe«, sagte der Bürgermeister. »Es scheint, dass Sie nicht begriffen haben, in welche Lage Sie uns alle gebracht haben.« Er schaute Agathe mit lieben Augen an, er kannte sie schon als Kind, und sie war da schon sehr dickköpfig. »Was sollte dieser Unfug?«

»Wegen Ihnen musste der Chef der Elite aus der Kaserne degradiert werden. Was haben Sie sich dabei gedacht?«, fügte der Oberkommandeur hinzu.

»Ich bereue zutiefst mein Temperament, nach der Testamentseröffnung möchte ich mich zur Verfügung stellen, um die angemessene Strafe anzutreten« Ihre Stimme zitterte dabei.

»Die Sache ist die Folgende«, flüsterte der Bürgermeister besorgt und konnte nicht fortfahren. Immer wenn ihm etwas peinlich war, musste der Bürgermeister husten, Agathe wusste es, und sein Husten nahm kein Ende.

Da ergriff Jim das Wort. »Ich bitte um Entschuldigung, aber vorher konnte ich dich nicht aufklären.« Agathe wirkte betrübt und am liebsten hätte sie den Raum verlassen. »Dass in die Ohrringe Sender eingebaut waren, war dir klar, wir haben dich bewusst für unsere Zwecke als Köder verwendet, wir stehen tief in deiner Schuld.«

»Ich finde, Sie haben sich tapfer geschlagen, Ihr Einsatz war musterhaft, in diesem Sinn haben wir Sie wie eine von uns behandelt«, raunte der Oberkommandeur. »El Toro, oder wie er auch heißen mag, ist noch auf freien Fuß, er ist nicht nur waghalsig, sondern auch noch schlau, wenn er eins und eins zusammengezählt hat, wird er feststellen, dass Sie ihn hintergangen haben und sein Vertrauen missbraucht haben. Was sonderbar ist, da er niemandem traut.«

»Und was ist mit dem Elitechef in der Kaserne?«

»Machen Sie sich keinen Kopf Agathe, wenn wir El Toro geschnappt haben, wird er offiziell sein Amt übernehmen. Wir dürfen niemandem trauen, das haben Sie selbst gespürt, sonst hätten Sie Jim Dick auch von Ihren Plänen erzählt. Es könnte auch sein, dass unter uns falsche Fünfziger sind. Die Angelegenheit von El Toro läuft auf Hochtouren, und Sie haben schon jetzt eine wichtige Rolle gespielt.«

Der Bürgermeister klingelte kurz und jemand brachte Erfrischungen für alle. Es folgte Todesstille. Dann sprach endlich der Bürgermeister: »Ab jetzt haben Sie einen zweiten Feind Agathe, ich würde vorschlagen, dass wir eine Eliteeinheit bei Ihnen stationieren, nur bis El Toro gefasst ist, es dauert bestimmt nicht so lange.« Agathes Kinnlade offenbarte ihre Missbilligung. »Andererseits Agathe, Jim Dick könnte auch bei Ihnen bleiben, wenn Ihnen das genehm ist.« Agathe brauchte nicht zu antworten, ihr breites Lächeln tat es. Sie wurde rot, weil sie spürte, dass die anderen bereits bemerkt hatten, dass Jim und sie längst ein Pärchen waren.

»Sagen Sie mal Agathe«, wollte der Oberkommandeur wissen: »Wie haben Sie es geschafft, sich an uns vorbeizuschleichen?« Jim Dick wurde plötzlich blass.

Agathe erzählte: »Ich …«

Schachmatt

Es war ein nebliger Morgen, die Stadt sah gespenstisch aus, vom Morgengrauen umhüllt, Frost hatte sich auf die Autos gelegt, Dampfwolken erhoben sich von den Passanten, die es wagten, mit offenem Mund zu atmen. Lorens Detamoo saugte gierig die Morgenluft ein, um sie als Dampfwolke wieder auszustoßen.

»Guten Tag, mein Name ist Lorens Detamoo, ich habe einen Termin mit dem Bankdirektor, gleich um zehn Uhr.«

»Einen Augenblick Herr Detamoo ich sehe nach.« Herr Detamoo schaute sich selbstsicher im Spiegelbild des Fensters an, er sah makellos aus. Er war ein gut aussehender Mann, Mitte vierzig, sein Körperbau war auffallend groß und muskulös, er besaß noch dazu eine besondere mexikanisch-exotische Schönheit. Der Bankdirektor kam herein, die beiden grüßten einander per Händedruck.

»Nun setzen Sie sich, Herr Detamoo, in welcher Angelegenheit möchten Sie mit mir sprechen? Ich sehe, Sie sind kein Kunde von uns.«

»Ich komme wegen eines Kredits, meine Baufirma, Black und Red, baut zwei Hochhäuser in den USA, ich habe einige Sicherheiten und benötige einen Kredit, sagen wir in der Größenordnung von fünf Millionen.«

»Wie viel können Sie vorweisen?«

»Sehen Sie, in diesen Koffer sind ...«

»Moment, wenn ein Kunde mit Geldkoffern zu uns kommt, muss ich fragen, woher das Geld kommt. Wir müssen alles überprüfen, das verstehen Sie sicher, Vorschriften ...«

»Das hier ist für Sie.« Auf dem Tisch lag ein Bündel von Scheinen. »Wenn Sie die blöden Maßnahmen vergessen, Sie verstehen, was ich meine?« Eine Zeit lang musste der Bankdirektor überlegen, während Herr Detamoo sich allmählich zu verkrampfen begann. Nachdem der Bankdirektor das Geld gezählt hatte, schaute sich Lorens Detamoo zufrieden um: »Ich denke schon, dass das in Ordnung geht.«

»Ansonsten haben Sie noch dazu einen neuen Kunden erworben, ich werde hier auch mein privates Konto eröffnen, so ist alles beisammen.«

»Einen Augenblick Herr Detamoo, ich hole die Verträge«. Einige Minuten später, blätterte er einen Stapel Anträge. »So, wir benötigen ...«

Am Abend bearbeitete Herr Detamoo die Bankunterlagen und nebenbei unterhielt er sich am Handy. »Ja, Fred geht schon in Ordnung, heute hat ein Fisch angebissen, der Fang ist gut.«

»Welche Menge? Was ist das für ein Geräusch? Hören Sie das auch?«

»Das habe ich schon eine ganze Weile. Es kann sein, dass mein Handy defekt ist. Aber zurück zum Geschäftlichen, das sind acht Kisten, schicke Tony vorbei.«

Müde warf Herr Detamoo das Handy auf das Bett, ehe er sich selbst darauf fallen ließ. Es war in der Tat nur eine kurze Pause, am Abend bekam Herr Detamoo noch den erwünschten Besuch.

»Guten Abend, Herr …«

»Einfach Detamoo Lorens, Tony du musst für mich einspringen, wir sehen uns so ähnlich, findest du nicht? Das ist irre. Es geht um Folgendes …«

Am Hafen war schon reger Betrieb, obwohl es noch so früh war, war es ziemlich hell, die Sonne kündigte sich gnadenlos heiß am Horizont an und von Regenwolken fehlte jede Spur. Herr Detamoo wartete mit zwei Kollegen schon eine Weile am Hafen, sie tranken Tequila und spielten Karten auf einer Kiste, sie sahen aus wie Hafenarbeiter. Ein Containerschiff tauchte am Horizont auf.

»Es wird Zeit, Jack. Hast du was Auffälliges gesehen?« Jemand war in Position an der höchsten Stelle des Hafens am Fenster.

»Nein, alles O.K.«, wisperte Jack.

Der Auftrag war ausgeführt. Sie sollten nur feststellen, ob der Container pünktlich in den Hafen eingelaufen war. Zufrieden fuhren sie mit dem Jeep davon, nur Jack hatte Dienst in der Containerhalle.

»Meine Herren«, sagte Nr. 1 schräg auf dem Stuhl sitzend fast gelangweilt in die Tischrunde von sieben eingeschüchterten Männern.

»El, was haben Sie zu melden?«

»Die Geldwäsche mit der Bank hat geklappt, es sind acht Millionen, ich warte ein paar Wochen und lasse dann das Geschäft platzen mit dem üblichen Konkursverfahren. Ich bin schon dabei die nächste Bank ausfindig zu machen, für das Geschäft danach.«

»Sehr gut El, immer fleißig bleiben, nun zum Geschäftlichen ...«

Als die Logistik ein paar Tage später abgeschlossen war, sandte Jack am Nachmittag eine SMS an Herrn Detamoo: *Da.*

Am nächsten Tag, noch am Vormittag, kamen Herr Detamoo und seine Leute mit dem Lkw zur Halle, wo die Container gelagert waren. Er hatte schon davor die Information erhalten, dass sein Container aus der Elfenbeinküste zur Abholung bereitstünde. Unterwegs zur Containerhalle schauten sie sich vorsichtshalber um, unauffällig wie immer grüßten sie die Hafenmitarbeiter, die vorbeiliefen. Nichts Ungewöhnliches lag in der Luft, selbst die Lautstärke der Maschinen und der schreienden Menschenstimmen sang das alte Hafenlied. »Sag mal El, heute sind doch auffällige neue Gesichter unterwegs, findest du nicht?«

»Mach dir nicht ins Hemd, es kommt dir nur so vor, weil du aufgeregt bist. Du weißt, wie schnell sie das Personal wechseln, sie werden schlecht bezahlt und die Verträge sind befristet.«

In der Halle jedoch tauchte wie aus dem Nichts ein Haufen von Leuten auf.

Es war ein Sonderkommando der Polizei. »Hände hoch, Widerstand ist zwecklos.« Herr Detamoo und seine zwei Begleiter griffen nach der Waffe, doch es kam nicht zum Schusswechsel, denn die Beamten machten ihnen klar, dass sie umstellt waren und Scharfschützen auf sie zielten. Der Container wurde beschlagnahmt und die Gruppe in Handschellen abgeführt. In der Ladung Kakao aus dem Container wurde eine große Menge an Drogen sichergestellt.

Nr. 1, ein kleiner, eher zierlicher Mann irischer Abstammung, mit kristallenen, klaren marineblauen Augen, ein Herzensbrecher, eiskalt und brutal, ein scharfer Beobachter wie die Gletscher am Nordpol, sah schräg auf dem Stuhl sitzend, fast gelangweilt in die Tischrunde. Dort saßen sechs eingeschüchterte Männer, einer fehlte, Els Doppelgänger wurde verhaftet, El selbst musste eine Weile untertauchen, sein Stuhl war leer wie eine bedrohliche Vorahnung, alle schwiegen ähnlich einem Ritual am Grab. »Einen Vorschlag, Jo?«

»Nr. 1, unser bester Agent, El, ist nicht unter uns …«

»Das sehe ich, Dummkopf, ich selbst habe ihm geraten, unterzutauchen! Fakten, Statistik nur das will ich.« Jo schaute den leeren Stuhl sehr unterwürfig an, dann fuhr er fort »El steckt in großen Schwierigkeiten, die Polizei hat die Lieferung beschlagnahmt, einige Lager auch, Desperado, *Hotel Halle sieben*, das Hauptquartier an der Grenze. Es kam zu Massenverhaftungen.«

»Das alles ist mir bekannt, du langweilst mich, das ist gefährlich, das weißt du doch. Ich will Vorschläge, es geht um unsere Organisation. El, Lorens, Orotle wie er auch hieß, wurde verraten, das bedeutet Krieg. Was wissen wir darüber?«

Nr. 1 schaute sich in der Runde um, furchterfüllte

Blicke starrten ihn nichtssagend, an, selbst die Luft war aufgeladen. Nr. 1 fokussierte Pix.

»Nr. 1, unsere Schnüffler tappen noch im Dunkeln. Selbstverständlich haben wir die Schmiergelder fast verdoppelt, bei sämtlichen Ämtern. Dazu haben wir noch – selbstverständlich anonym – unsere Konkurrenz verpfiffen. Dieses Ablenkungsmanöver soll der Freilassung unserer Leute, zumindest einiger von ihnen nützen. Wenn wir die Ratte ausfindig gemacht haben, wird sie zerquetscht, mit der ganzen Familie.«

»Was sagt unsere korrupte Polizei?«

»Der Auslöser ist im Schutzprogramm, zu viele Sonderbeauftragte sind aufgetaucht, wir versuchen sie auch auf unsere Seite zu ziehen. Selbst die Ermittler bei der Staatsanwaltschaft suchen auf Hochtouren.«

Nr. 1's marineblauen Augen verdunkelten sich, sein sonst blasses Gesicht wurde rosig, was das Atmen der Luft unerträglich machte. »Welchen Verlust beklagen wir bereits, Rex?«

»Nr. 1, der Verlust macht schon fünfzig Prozent, die *Halle sieben* war unser größter Verlust, hinzukommen die geplatzten Geschäfte infolge dieser Niederlage, die Clans nehmen sich in Schutz, sie haben mit völliger Vernichtung gedroht, sollten wir sie verraten.«

Wie ein Blitz stand Nr. 1 auf und fing an, den Tisch mit lautem Klimpern seiner Absätze zu umkreisen. »Meine Herren, das ist nicht nur Krieg, sondern Armageddon, ich will Fakten, Vorschläge ...« Lyn hob die Hand, Nr. 1 stimmte nickend zu.

»Nr. 1, Lorens' Bankgeschäfte sind in Gefahr, unsere Geldwäsche wird platzen. Die Pseudounternehmen dürfen nicht zu früh in Konkurs gehen. Das würde zu viel Aufmerksamkeit erregen. Wenn wir das nicht abwenden, haben wir bereits verloren. Nr. 1, Sir, ich biete meinen Rücktritt an.«

Lyn hatte noch nicht zu Ende gesprochen, als ein ohrenbetäubender Schuss die Luft im Raum zerriss, es roch nach Schießpulver und bald auch nach süßem Blut. Lyn zitterte noch kurz und Todesstille beruhigte die Gemüter.

»Wir registrieren schon eine Massenflucht, viele sind schon untergetaucht, die Ratten verlassen zuerst das Schiff. Will noch jemand meutern?«

Miguel Pedro Gárcia Gómez wurde zu einer Gegenüberstellung eingeladen, getrennt durch eine Glasscheibe sollte er Orotle Mendosa erkennen. »Dieser Mann sieht sehr ähnlich aus, aber er ist es nicht.«

Auch die gespeicherten Fingerabdrücke, aus der damaligen Untersuchung des Falls Ximena waren nicht identisch.

»Ein paar Tage ins Loch, dann wirst du geschwätzig!«, brüllte der Inspektor Orotle Mendosas Doppelgänger nach, der in Handschellen abgeführt wurde.

»Leider dürfen wir das nicht«, beruhigte ihn der Kollege.

Das Problem löste sich in ein Geheimnis auf. Tony, als Doppelgänger von Herrn Lorens Detamoo, bzw. von dem gesuchten El Toro, verstarb in der Zelle. Der Inspektor war tief in Gedanken: »Welche Verbindung gibt es zwischen Orotle Mendosa, El Toro und Lorens Detamoo?«

Er schrieb an die Tafel: El Toro gleich Orotle Mendosa. Orotle ist El Toro rückwärts.

»Die Lieferung ist aber für Orotle Mendosa; für das *Hotel Halle sieben*, Miguel hat Tony als Doppelgänger von Orotle erkannt. Dann ist Orotle auf freiem Fuß. Bei der Festnahme trug Tony den Ausweis von Lorens Detamoo, wie soll ich das verstehen?«

»Sir, ich spiele oft mit meinem Sohn das Spiel Buchstabentauschen. Sehen sie, die Buchstaben für den Namen Orotle Mendosa sind die gleichen wie für Lorens Detamoo. Wir suchen diesen Detamoo wegen Geldwäsche in Bankgeschäften.«

»Sie sind grandios, wieso ist mir das entgangen? Tony als der Doppelgänger von Lorens Detamoo hat nicht überlebt, er wurde aufgehängt in seiner Zelle aufgefunden, wie konnte das passieren?«.

»So etwas Ärgerliches, nur er hätte uns sagen können, wo er El Toro das letzte Mal begegnet ist.«

Es kam zu keiner öffentlichen Gerichtsverhandlung gegen einen Mitläufer der Gang. Der Mitläufer hielt dem Druck der Befragung nicht stand und verriet, wo der nächste Kokainschmuggel stattfinden sollte. Es wurden Maßnahmen getroffen, damit der Fall Tony sich nicht wiederholte. Die geschmuggelte Ware sollte mit einer Lieferung von Fischkisten an Land gebracht werden. Die Agenten beschatteten die Szene und horchten die Telefongespräche ab, daher die seltsamen Geräusche. Die Gespräche waren zweideutig, obwohl von Fischware die Rede war. Der PKW hatte gerade die Lieferung von Fischkisten abgesetzt und schon flog das Geschäft in die Luft. Neben den Toten gab es auch einen Schwerverletzten, er war noch sehr jung und zeigte sich kooperativ. Es war seine Aussage, die zur Verhaftung von El Toro führte. Die Rechtsanwälte und Politiker gerieten auch ins Visier der Ermittlungen, da auch hier schmutziges Geld gewaschen wurde. Die Anwälte und Politiker gerieten unter Druck, ihnen wurde mit Attentaten gedroht.

»Rex wurde erwischt, in einer Schießerei. Meine Herren, rücken wir näher zusammen«, sagte Nr. 1 schräg auf dem Stuhl sitzend, sah fast gelangweilt in die Tischrunde von sieben Stühlen, wo vier noch besetzt waren. Seine marineblauen Augen schauten schräg zu Tuk Tuk, der seinen Blick intensiv kreuzte.

»Wenn Sie erlauben, Nr. 1, Sir, wenn wir El nicht aus dem Gefängnis schaffen, wird weiterhin schmutziges Geld gewaschen, die Anwälte halten nicht mehr zu uns, ich meine, es wäre besser …«

»Dass wir ihn liquidieren? Ist das deine Bitte? Dan, was sagst du dazu?«

»Nr. 1, El war das Beste, was uns passieren konnte, Sie haben selbst oft gesagt, noch ein paar von der Sorte und das Unternehmen läuft von selbst. Es wäre loyal, ihn zumindest zu retten. Er war sehr diskret, und dennoch hatte er einen mächtigen Gegner, vermutlich aus dem nächsten Kreis. Was mich beunruhigt ist, warum hat er diese Wendung nicht vorhergesehen? Ob Spitzel in der Organisation sind? Ich habe jetzt eine Tagung mit dem Oberbürgermeister, anschließend darf ich als Verteidiger zu El.«

»Rex, wie hoch ist unser Vermögen noch?«

»Nr. 1, ich wollte vorschlagen, die letzten Bestände weiter weg zu verlegen und alle Konten einzufrieren, sozusagen, in die Offensive zu gehen, es ist aber keineswegs ein Rückzug.« Alle schauten mit gesenktem Kopf auf den Boden, das war auch gut so, denn sonst hätten sie wieder seinen Zorn gespürt.

»Wenn das kein Rückzug ist, meine Herren, was ist das dann?«

»Nr. 1, Sir. In Honduras haben wir noch treue Mitarbeiter, selbst die Behörden stehen gänzlich hinter uns.«

Bei einem Sonderverfahren mussten die Verhafteten des Clans bei der Antwort zu intensiven Ermittlungen mitwirken. El Toro verteidigte sich, indem er wichtige Daten seiner Konkurrenz übermittelte, was zu noch mehr Razzien führte. Es begann eine Zeit der Angst und des Chaos, selbst die anderen Häftlinge fühlten sich nicht mehr sicher. El Toro wurde verlegt, unterwegs passierte eine Panne, der Transporter wurde zerstört aufgefunden und die Beamten waren tot, El Toro war wieder auf freiem Fuß. Mit einem Radarauto verfolgten die Beamten ein schwaches Signal. In einem Haus wurden sie fündig, das ganze Haus war umstellt, alle Räume wurden durchsucht, keine Menschenseele war zu finden. Das Signal wurde immer stärker.

»Das Signal führt in die Wand.« Die Wand wurde aufgerissen, dahinter befand sich kauernd El Toro, es war sein letztes Versteck.

»Wie habt ihr mich gefunden?«, wollte er nur noch wissen.

»Der Ring. Haben Sie sich nicht gefragt, warum Sie gerade den Ring beim Transport in das andere Gefängnis tragen durften?«

»Nein, was ist damit?«

»Wir haben einen Minisender eingesetzt, wir erhielten ihn von Agathe, wissen Sie noch? Sie trug ihn lange genug. Selbst sie wusste nicht, dass wir es wussten. Haben Sie sich je gefragt, was diese pfeifenden Signale bedeuten?«

Nr. 1 saß schräg auf dem Stuhl, fast gelangweilt, in der Tischrunde mit sieben Stühlen war nur einer besetzt, Tuk Tuks. Die marinebauen Augen verdunkelten sich, zwei Schüsse fielen, Nr. 1 fiel als Letzter. Tuk Tuks letzter Gedanke war ›Die Putzfrau wird sich freuen‹ und mit einem leichten Lächeln begrüßte er Gevatter Tod.

Die Testamentseröffnung

Aus Sicherheitsgründen wurde der Termin der Testamentseröffnung um zwei Wochen aufgeschoben. Dann endlich, gegen Ende Juli, fand er doch statt, Agathe erfuhr von El Toros Gefangennahme und staunte nicht schlecht, als sie erfuhr, dass diese ihrem Einsatz zu verdanken war.

»Weißt du noch, als du aus Desperado in die Kaserne gekommen bist, da haben wir dich untersucht und den Ring etwas bearbeitet.« Dabei lief Jim rot an, als Agathe ihn erbost ansah.

Es war ein wunderschöner Julitag, die Sonne hing am Himmel und eine leichte Brise zerstreute den ätherischen Duft der Eukalyptusbäume, die neben dem Gerichtsgebäude wuchsen. Sie spendeten prächtigen Schatten durch Tausende und Abertausende von Federblättern. An diesem Tag der Testamentseröffnung hatte sich Agathe zurechtgemacht wie die anderen Anwesenden, die Hitze war schon sehr stark. Agathe betrat den Saal erst nach dem Vetter.

»Bleib hier Jim, egal was passiert, ich will mit dir nach Hause gehen, schon aus Sicherheitsgründen.« Mit einem Kuss auf die Stirn verließ Agathe leicht zitternd Jim, der zusammen mit anderen Leuten vor dem Saal wartete.

In Begleitung eines Beamten trat sie ein. Aji sah Agathe verlegen, verstört, fast entschuldigend an. Er hatte wohl Schnupfen, seine rote Nase hatte ihn verraten, diese blöde Eukalyptusallergie. Auch vor der Tür, wo Jim auf sie wartete, hatte Agathe andere Leute gesehen, die auch Schnupfen hatten. Agathe aber sah Aji mit gütigen Augen an, welche die Hölle gesehen hatten und dennoch an das Gute glaubten. Er wirkte auch etwas verändert, es war nicht nur sein Aussehen, Agathe fand es rätselhaft. Aber ja, auch Agathe hatte sich verändert, flüchtige Tränen benetzten plötzlich auftauchend ihr Gesicht. Aji war noch verwirrter und versuchte, den Beamten zu umgehen, was auch gelang, und sie umarmten sich innig und schluchzend.

»Sei vorsichtig Aji, da draußen haben auch andere Leute Schnupfen, vielleicht hast du sie angesteckt«, sagte Agathe und beide mussten lachen. Das hatte Großvater immer gesagt, wenn die Pollen der Eukalyptusbäumen seine und Ajis Allergieerscheinungen aktivierten, bloß Agathe war davon verschont.

»Nun …«, seelenruhig setzte der Notar seine Brille auf, »hier ist das Testament des verstorbenen Roman Schwippst …«

Aji fand das nun folgende ganze Gequatsche langweilig, da er nur die Hälfte verstand, doch der Notar schien es nicht zu bemerken, denn er las weiter.

Dann aber: »Dir, Aji, will ich das große Segelschiff hinterlassen, das hat dir immer so gefallen. Ich hoffe, dass du es bloß nicht so schnell verscheuerst.« Agathe sah ihren Vetter schadenfroh an, welcher vor Wut rot anlief. »Agathe, ich weiß wie glücklich du bist, und genügsam und ausgeglichen. Daher werde ich dir nichts hinterlassen, das würde deine Ruhe zerstören.

Denke an die unvermeidlichen Kopfschmerzen und die Panik auf der Suche nach Verstecken. Denke immer daran, du bist mein Fels in der Brandung.« Ja Agathe wusste es, das waren die Worte, die Großvater, seit ihrer Kindheit zu ihrer Aufmunterung zu sagen pflegte.

Alles wurde unscharf und Nebel verschleierte Agathes Augen die Sicht. Dicke Tränen fielen auf ihre Wangen, so warm und tröstend, wie damals, als Mutter bei einem Autounfall ums Leben kam. Sie war erst neunzehn gewesen und Vater hatte sie beide für eine jüngere Frau verlassen. Jetzt war Agathe auch egal, ob sie ein Erbe bekam oder nicht, Großvater würde sie nie vergessen.

Der Notar las weiter: »Ich habe ein kleines …«

Aji war schon im Begriff aufzustehen und zu gehen, blieb aber dann stehen, um zuzuhören. »… Geheimnis zu lüften, ich war zwar allein, aber keineswegs keusch auf den vielen Geschäftsreisen. Hier ist die Liste meiner unehelichen Kinder, zwölf an der Zahl, jetzt seid ihr nicht mehr allein und habt endlich Onkel und Tanten.«

Zu allem Überfluss wurden sie noch in den Gerichtssaal vorgeladen. Nun sah Agathe die schadenfrohe Fratze des Vetters. Der Notar, in großer Bescheidenheit und mit innerem Grinsen, stellte zwölf Onkel und Tanten in allen Facetten von Alter und Farbe vor. Das alles war Agathe zu viel, mit Krach und Getöse und der Vetter machte sich vor Aufregung in die Hose. Es gab keinen großen Gewinner, denn die Kosten des Verfahrens mussten auch bezahlt werden, hinzu kamen die Ausgaben, die Agathes Lebenserhalt gewährleistet hatten. Außerdem waren auch noch ein paar Schulden zu decken. Aji bekam sein Segelschiff, das er Agathe zur Aufbewahrung gab. Agathe räumte nun die Scherben ihres Lebens auf und fing mit dem Keller an. Jegliche Art von Gerümpel und Unrat von vielen Jahren stand da. Unter einer Matratze sah sie das Bild, das Großvater ihr damals gegeben hatte. Darauf war eine Insel, abgebildet mit einem Felsen in der Brandung, schäumenden Wellen mit Seevögeln, springenden Delfinen und einem goldenen Sonnenuntergang. Auf der Insel stand ein Häuschen. »Schau mal genau hin«, hatte damals der Großvater gesagt. »Das ist unser Häuschen, du bist drinnen, ich bin da und mache einen Spaziergang.«

Der Rahmen war beschädigt, sie nahm sich vor, ihn zu reparieren, als sie am hinteren Teil des Felsens eine kleine Papierkugel sah. Sie öffnete sie vorsichtig und etwas fiel heraus. Da lagen zwei reine Diamanten. Es waren zwei Klunker in Tetraederform, einer grün, der *Aurora Greed Diamant*, der andere blau. Der Großvater hatte oft davon erzählt: »Die Farbe des *Aurora Green Diamant*, erinnert an das Grün der Polarlichter. Seine Reinheit gehört zur Stufe VS2, und damit erreicht er Stufe sechs von elf möglichen Reinheitsstufen. Sein Wert ist wie bei allen Diamanten von Gewicht, Reinheit und der Farbe abhängig. Der *Aurora Green Diamant* ist so selten, dass sein Wert locker 16–20 Millionen US-Dollar beträgt. Ein astronomischer Wert. In der Regel übersteigt der

Wert der farbigen Diamanten den Wert der weißen Diamanten um ein Vielfaches. Der blaue Diamant wird der *Oppenheimer Blue Diamant* genannt, nach Philip Oppenheimer, um den Klunker besonderes zu ehren, und um ihn von den anderen unterscheiden zu können. Dieser Diamant wird mit dem Reinheitsgrad von VVS1 angegeben. Sein Wert liegt zwischen 39–45 Millionen US-Dollar. Agathe, merk dir das, das ist wichtig.«

Das erzählte der Großvater Agathe, wenn Aji nicht da war, denn er wusste auch, dass er sich auf Agathe verlassen konnte, besonders wegen ihrer Verschwiegenheit. Agathes Herz klopfte so stark, dass es wehtat, kalter Schweiß befeuchtete ihren Körper, der nun nach Luft rang. Agathe musste sich vor Schreck erst mal eine Weile setzen. Mit Mut und einem tiefen Seufzen nahm sie den Zettel und las:

Liebe Agathe,
ich weiß nicht, wie es später um dich steht, darum bewahre sie gut auf, einen für dich und einen für Aji, pass auf ihn auf.

In Liebe,
Großvater